MARCEL OHLER

DAS VERMÄCHTNIS

DES

FREMDEN

Tragikomödie in vier Akten

Herstellung und Verlag:
Books on Demand GmbH, Norderstedt
ISBN 978-3-8370-5908-3

PERSONEN

HADES, *Gott der Unterwelt*

PERSEPHONE, *Frau von Hades*

HANS / MOZART, *Schriftsteller und Mozartverehrer*

THANATOS, *Gevatter Tod*

PRIESTER

CONSTANZE, *Witwe Mozarts*

CONSTANZE II, *Schauspielerin*

VIER SCHATTEN

ERZÄHLER

ABT SCHICKMAYR, *Schauspieler*

ARLECCHINO, *ein scheinbarer Komödiant*

CARL THOMAS, *Mozarts Sohn*

GEORG VON NISSEN, *zweiter Ehemann Constanzes*

GEFOLGE *von Hades*

HOCHZEITSGÄSTE

Gestalten und Kreaturen der Unterwelt

ERSTER AKT

Dunkelheit; darin zentral verborgen - die Bühne eines Barocktheaters; die Unterbrechung einer Vorstellung. Als Hintergrund fungiert die Kopie eines Kulissenentwurfs zu Mozarts Zauberflöte – STERNENHALLE DER KÖNIGIN DER NACHT / KARL FRIEDRICH SCHINKEL, 1815. Requisiten sind ein Blitzbündel sowie eine Statue der Siegesgöttin Nike, sichtbar platziert. Ein Gewitter zieht auf; dazu pfeifender Wind und Spannungsmusik.

ERSTE SZENE

Eine STIMME *erhebt sich. Jemand beginnt zu erzählen. Dazwischen eine* FREMDE GESTALT.

So seht und hört nun die Geschichte,
von der ich euch berichten will,
von Göttern und von Menschen,
vereint im trügerischen Spiel.

Doch ist dies auch der Liebe Stund,
bedingungslos mit mancher Wund,
sie Menschen für sich gewinnen mag.

(Das Zeitalter Napoleons bis 1809; zusammengefaßt in einigen Bildern, welche in

schneller Abfolge auf die Kulisse vor uns pro-
jiziert werden.)

Drum lasst mich erzählen,
wie alles begann,
wie sich zu Napoleons Zeiten,
ganz Europa nach Frieden sahn,
und wie ein junger Mann
mit Namen Hofmair Hans,
gar getrieben vom Zorne aufbrach,
zu des Mozarts Witwe neuerlichen
Ehetanz.

Denn Unverständnis
unsern Hans bewog,
das Treiben zu beenden,
noch ehe die Braut,
des Komponisten Ruhm,
aufs Schändlichste betrog.

Währenddessen im Olymp,
wo noch immer Götter sind,
die nach wie vor der Menschen Leben,
drehen, wenden,
nach Belieben,
in inniger Unsterblichkeit,
sie stets dem Alten zugeschrieben.

Eben dort an jenem Tage,
auch Gott Hades still verharrte,

sich stellend nur die eine Frage,
ob Zeus allein die Kraft noch habe,
seine Macht denn auszuüben.

Insgeheim und unverdrossen,
sich Hades jetzt den Kopf zerbrach,
darüber wie abgeschlossen,
mit dieser jämmerlichen Schmach.

Auf das er den Thron besteige,
hell erleuchtet, ungeniert,
die Fehler die getan vermeide,
und mit harter Hand das Reich regiert.

Dies war also des Hades Plan,
auf dessen Basis er,
mit viel Elan,
auf kurz oder lang,
zum Aufstand blies.

*(Plötzlich – Die Kulisse teilt sich; dahinter
dichter Nebel der durch Unterlicht erhellt
wird. Dem Dunstkreis entschwebt eine dunkle
Gestalt im wallenden BAUTA-Kostüm; die
Arme ausbreitend läßt sie sich zur Bühne her-
nieder.)*

Doch noch bevor sich die Armee,
den Blitzen Zeus entgegenwarf,
es galt den letzten Schritt zu wagen,

und seinem Weib Persephone,
die Treue abzuschlagen.

Leider tat sie dieses nicht,
vertretend dickköpfig die Sicht,
des Friedens.

(Das Licht geht aus; die Kulisse schließt sich.)

Um ein Scheitern zu verhindern,
das Risiko zu mindern,
war es notwendig geworden,
abermals dafür zu sorgen,
mit List und Tücke vorzugehen.

Denn Hades wußte ganz genau,
ohne seine Frau,
gäbe es keine Hoffnung mehr,
rücke ein Sieg in weite Ferne,
bliebe der Erfolg gleich aus.

Somit bot sich die Idee,
Persephone,
mittels schlechtem Gewissen,
untertänigst an seiner Seite zu wissen.

Ein gezinktes Theater,
ganz nach seinem Geschmack,
auf Leben und Tod,
unerwartet und abstrakt.

Allerdings und das unterschied,
durfte es diesmal kein
herkömmlich Mensch sein,
welcher in Abhängigkeit geriet,
mehr denn ein fanatischer Mann,
in Leidenschaft seinem Ideal verfalln,
er jederzeit zum Sterben bereit.

Kein Name ist` s von hohem Range,
auch ward er zuvor schon kurz erwähnt,
das Bühnenstück in vollem Gange,
uns Hans als Mozart präsentiert.

ZWEITE SZENE

*Aufblende. Die Szene entsteht. Links und
rechts der Bühne erkennen wird ein aufmerk-
sames Publikum; im speziellen* CONSTANZE
MOZART *und ihr zweiter Mann* GEORG VON
NISSEN. *Von rechts kommt* HANS alias MOZART
herbeigeeilt. Er passiert die GESTALT.

GESTALT. Wohin des Weges?

*(Mozart läuft einige Schritte weiter, hält jäh
inne und dreht sich überrascht um.)*

MOZART. Kennen wir uns?

GESTALT. Gewiss!

MOZART. Wie lautet Euer Name?

GESTALT. Das müsstet Ihr doch am besten wissen, Mozart.

(Mozart überlegt angestrengt.)

MOZART. Nein, er fällt mir nicht ein.

GESTALT. Wohin wolltet Ihr?

MOZART. Das Essen ist angerichtet. Man erwartet mein Erscheinen.

GESTALT. Euer Erscheinen?

MOZART *(betont die Wichtigkeit)*. Ja, mein Erscheinen, sehr richtig.

GESTALT. Macht Euch nicht unglücklich. Glaubt Ihr wirklich, dass sie auf Euch warten? Tatsächlich?

MOZART. Der Abt ist ein guter Freund unserer Familie. Und es geziemt ihm nicht unhöflich zu sein.

(Die Gestalt lacht.)

MOZART *(etwas verärgert).* Ich kann mich kaum erinnern, Euch einen Anlass zur Freude gegeben zu haben.

GESTALT. So spitz heute, Mozart? Ihr seid doch sonst auch nicht so hochgestochen? Sollte ich mich etwa getäuscht haben in Euch?

MOZART. Gut, ich gebe mich geschlagen. Würdet Ihr mir jetzt, bitte, gütiger Weise verraten, weshalb Ihr meine kostbare Zeit in Anspruch nehmt und mich hindert ein bekömmliches Mahl zu verzerren?

GESTALT. Verzeiht, aber Eure Einfältigkeit blendet mich.

MOZART. Oblag es in Eurer Absicht mich zu beleidigen?

GESTALT. Nein, lasst ab. Denkt nichts Falsches von mir. Zu köstlich finde ich Eure Natur, Eure Art.

(Die Gestalt grinst erneut.)

MOZART. Ich bin doch kein Tier, mein Herr. Entweder Ihr nennt mir nun euren Namen oder geht dorthin wo Ihr gekommen seid.

(Die Gestalt hört nicht auf zu grinsen. Mozart reicht es.)

MOZART. Guten Tag!

(Mozart zieht seinen Dreispitz. Die Gestalt wird schlagartig ruhig.)

GESTALT *(streng)*. Gar nichts werdet Ihr. Außer ich erlaube es euch.

MOZART *(schockiert)*. Wie könnt Ihr es wagen.

GESTALT *(fährt ihn ins Wort)*. Haltet den Mund, einfältiger Bengel.

(Mozart will gehen. Die Gestalt hebt ihren Arm, packt ihn mit unsichtbarer Kraft am Hals, würgend, und hindert ihn daran wegzulaufen. Musik ertönt -Ein Auszug des REQUIEMS „LACRIMOSA".)

GESTALT. Ich sagte es bereits, Ihr bleibt. Außer ich erlaube es Euch.

(Mozart droht bewusstlos umzufallen. Die Gestalt zieht ihn zu sich und lässt ab von ihm.)

GESTALT. Werdet Ihr mir nun zuhören?

(Mozart nickt stumm, holt tief Luft, hustend.)

GESTALT. Gut, gut. Der Grund für mein Erscheinen
ist die Art Eures Ablebens.

(Mozart reißt die Augen auf.)

GESTALT *(beruhigt)*. Keine Angst, noch seid Ihr
nicht soweit. Noch dürft Ihr unter den
Lebenden weilen, hoffend. Üblicherweise
verabscheue ich derlei Diskussionen. Viele
haben es schon versucht. Doch gab ich zu
verstehen, dass es keine Wahl gäbe, so oder
so. Bei Euch, Mozart, ist es allerdings anders.
Ihr sollt mir mit eigenen Mitteln fest und gut
zur Seite stehen. Mein Vergnügen ins
unermessliche steigern, nicht durch
gewöhnlich Tanz. Besitzt Ihr doch diese eine
Gabe. Kennt Ihr Salieri?

(Mozart nickt abermals.)

GESTALT. Ihr könnt es mir ruhig sagen.

MOZART *(zögernd)*. Ja, ich kenne Salieri.

GESTALT. Ihr verabscheut ihn, Ihr hasst ihn
regelrecht, nicht wahr?

MOZART. Hass klingt übertrieben. Vielmehr sind wir Konkurrenten. Zudem ist Salieri bei Hofe angestellt. Ein Posten, der eigentlich mir zugedacht wäre. Hört sie Euch nur an, seine Kompositionen. *(Er hebt den Kopf, schließt seine Augen und lauscht unsichtbaren Klängen, grinsend - ein Werk Salieris ist zu hören)* Seht mit welchem Geschick er dem Kaiser die Langeweile ins Gesicht treibt. Ein echter Meister seiner Zunft ohne Zweifel. *(Senkt seinen Kopf, öffnet wieder die Augen, kopfschüttelnd.)* Allesamt zu holprig, zu festgefahren in ihrem Lauf. Würde ich statt seiner diese ehrenvolle Aufgabe bekleiden, wer weiß was geschähe, wer weiß.

GESTALT. Kennt Ihr das Sprichwort, Hochmut kommt vor dem Fall? Hießet Ihr nicht Mozart, so würde ich Euch für einen Narren halten, dumm wie Stroh. Doch da ich Eure Meisterwerke kenn, geb ich Euch recht. *(Zu sich selbst.)* Es wird mir eine Freude sein!

MOZART *(schnappt den letzten Satz auf, unwissend)*. Was sagtet Ihr?

GESTALT. Für Salieri hingegen sähe es trübe aus. Unheilvoll kreist der Dolch über ihn. Der Pässlichkeit harrend. Auch er müsste schwingen sein Gewande, meinem Urteil fügig. Rechtlos ist des Kaisers Vasall.

MOZART. Salieri, ja. Ein Strolch ist er.

GESTALT. Wenn Ihr jetzt sterben müsstet, Mozart, welche Eindrücke würdet Ihr von dieser Welt mit Euch nehmen?

MOZART *(hat mit dieser Frage nicht gerechnet, überlegt)*. Viele, sehr viele. *(Pause.)* Die Tage der Kindheit, mein erstes Konzert. Es gibt dieser Unmengen, sie alle zu nennen wäre ein Ding der Unmöglichkeit.

GESTALT. Wenn Ihr aber nur eine einzige Antwort frei hättet?

MOZART. Nur eine einzige? Hmmh, schwierig. *(Er beginnt zu grübeln.)* Vielleicht *(Pause.)* Nein. Vielleicht mein Gespiele am Kaiserhof. *(Lächelt.)* Sie war sehr hingerissen. Durfte sie sogar auf die Wange küssen. *(Blickt zur Kulisse.)*

GESTALT. Ein reizendes Bürschchen bist du gewesen, Mozart. Wirklich reizend.

(Mozart sieht die Gestalt fragend an.)

GESTALT. Keine falsche Bescheidenheit. Meine

Wenigkeit ist überall. In jeder Schlacht, in jedem Heim, in jedem Winkel einer Seele. Nichts, was mir entgeht. Ich bin die Vergangenheit, Gegenwart und Zukunft!

MOZART *(ehrfürchtig)*. Wer im Namen des Herrn seid Ihr, wenn nicht Gott selbst?

GESTALT. Wir sollten uns erst unterhalten, Mozart, bevor ich Euch antworte.

MOZART *(lässt nicht locker)*. Seid Ihr ein Magier? Ein Seher?

(Die Gestalt lacht.)

GESTALT. Nein, nichts dergleichen. Keine Angst. Auch werd ich kein Geld belangen, wenn unser Gespräch beendet. Um abermals auf vorhergehendes zurückzukommen. Ahnet Ihr, dass Salieri sich über Euren Tod hinweg, noch immer vom Menschen MOZART bedroht fühlte? Damit er seine Furcht geheim halten konnte, behauptete er letztlich sogar, Euch ermordet zu haben?

MOZART *(überrascht)*. Pardon? Ich hätte ihm so manches zugetraut, aber ... Welch eine Dreistigkeit. Welch ungeheuerliche Dreistigkeit.

GESTALT. Er war immer nur Mittelmaß, selbst nach Eurem Verlust.

MOZART. Sagt, wie werde ich sterben?

GESTALT. Krank und einsam. Euer Stanzerl wird zu spät heimkehren.

MOZART. Was für eine Krankheit?

GESTALT. Darüber wird man sich jahrhundertelang streiten und sogar euren vermeintlichen Schädel untersuchen. Dem Geschöpf Mozart werden viele Krankheiten nachgesagt, von Syphilis bis Typhus, von hitzigem Frieselfieber zu Schwindsucht.

(Mozart ist etwas irritiert.)

GESTALT. Aber seid Euch dessen bewusst, Ihr werdet wie ein Künstler, ein großer Künstler sterben. Mit Notenblatt und Feder. Eine Totenmesse, Eure Totenmesse.

(Mozart verdutzt, schluckt.)

MOZART. Und das Stanzerl kommt zu spät?

GESTALT. Ja, von Baden ist es weit.

MOZART *(unwissend)*. Von Baden? Was bitte schön tut das Stanzerl in Baden?

GESTALT. Sie ist dort zur Kur, auf Anraten Eurer Schwester.

MOZART *(grübelt)*. Kur, Kur. Ist sie krank?

GESTALT. Ja, krank von der Liebe, die sie empfindet, für Euch. Sie hat es nie erwähnt, oder?

MOZART. Nein.

GESTALT. Sie wollte Euch damit nicht zur Last fallen, angesichts des Schaffens. Tagaus, tagein. Nacht um Nacht.

MOZART. Aber ich tat es für sie! Für sie ganz allein!

GESTALT. Habt ihr es Constanze gegenüber erwähnt? Wusste sie um Euren tieferen Sinn?

MOZART. Nein. Ihr Eindruck war befriedet, sinnlich geruht.

GESTALT. Ihr irrt. Dieses ständige Zigeunerleben. Diese vergebliche Suche nach einer Anstellung. Für eine Frau nie und nimmer angenehm, Mozart.

MOZART *(aufgelöst)*. O Gott, welch Verbrechen tat ich ihr?

GESTALT. Auch spielte das plötzliche Verscheiden eurer Kinder eine wesentliche Rolle.

MOZART *(mit großen Augen)*. Ja, ich hab einen Sohn, er ist wohlauf. Sprecht, was geschieht mit ihm.

(Mozart drückt seine Hände gegen den Bauch.)

GESTALT. Er ist zu schwächlich. Ebenso wie zwei weitere Geburten. Erst den Nachfolgenden wird es gelingen, Gottes Schöpfung zu erleben.

MOZART. Wie viele Nachkommen?

GESTALT. Zwei Söhne.

MOZART. Welche Namen tragen sie?

GESTALT. Carl Thomas und Franz Xaver Wolfgang.

MOZART *(etwas erfreut)*. Gefällt mir. Ja, bei Gott. Mit den Namen bin ich einverstanden. Werden sie meine Begabung erben?

GESTALT. Ja, unverkennbar. Doch nur einer der Zwei wird am Ende den Stellenwert eines Künstlers erringen, ihn weiterführen mit Eurem Namen.

MOZART. Carl Thomas?

GESTALT. Nein, Franz Xaver.

MOZART *(erinnert sich an vorige Worte, fasst es nicht)*. Und Stanzerl leidet darunter?

(Die Gestalt nickt. Mozart schaut zu Boden, innerlich ergriffen, scheinbar aus allen Wolken gefallen.)

GESTALT. Egal wie Ihr es auch wendet und dreht. Ändern lässt es sich nicht. Die Vorhersehung nimmt ihren unweigerlichen Lauf, mit oder ohne Euch. Wenn Ihr ehrlich seid zu Euch selbst, Mozart, müsst Ihr mir recht geben. Ihr werdet nie anders sein, als jetzt. Es ist Euch in die Wiege gelegt. Musik ist alles wofür Ihr lebt. Rücksicht auf die Gefühle anderer wäre zudem ein einziger Anfront. Einfach nicht denkbar. Dem Schicksal zu entrinnen erweist sich als, wie sagtet Ihr eingehend so treffend? Ein Ding der Unmöglichkeit. So sei´ s denn.

MOZART *(erschüttert)*. Aber Menschen stehen doch im fortwährenden Wechsel? Besitzen sie denn keinerlei Rechte, neue Wege, neue Strömungen und Gesten einzuschlagen, dem Ursprünglichen auszuweichen, es zu umgehen?

GESTALT. Nein. Die Konsequenzen wären fatal.

(Mozart kann es nicht glauben, er blickt verzweifelt um sich.)

GESTALT. Akzeptiert es.

MOZART. Ihr bringt es so leicht über Eure Lippen, mein Herr, das man glauben mag, Euch gehe es nichts an. Dabei hätte doch alles hier, jegliche Bedeutung verloren. *(Er verweist auf seine Umgebung.)* Die Wände, die Säulen, ein Garten mit seinem vertrockneten Brunnen, der Boden samt dem darin enthaltenen Getier, die Luft die wir atmen, alles, ... *(Kommt ins Stottern, leise kopfschüttelnd.)* Alles, bedeutungslos. *(Er blickt die Gestalt vorwurfsvoll an, Pause.)* Gibt es überhaupt noch einen Grund, länger meiner Arbeit zu frönen? Oder ist es sinnvoller, sich in ein dunkles, stilles Kämmerlein zurückzuziehen. Abzuwarten in der Abgeschiedenheit, bei Wasser und Brot, bis einem das eigene Herz seinen Dienst verweigert?

GESTALT. Ich kann Eure Bedenken nachempfinden,
Mozart. Sehr gut sogar. Doch muss es so sein.
Deswegen wird man geboren.

MOZART *(unterbricht die Gestalt, abweisend mit den
Händen, weicht langsam zurück)*. Nein! Nein!

GESTALT. Dies ist die Tragik jener Komödie. Das
Leidwesen unserer Gesellschaft.

MOZART. Nein, Ihr lügt. Ihr seid ein Lügner, mein
Herr. Ihr führt mich in Versuchung. Auf das
ich wie ihr, dieser Tristesse erliege, die Euch
quält. Ihr verfalle, um ein Schatten
meinerselbst zu werden.

GESTALT *(versucht ihn zu beruhigen)*. Mozart, bildet
Euch kein falsches Urteil. Kommt zur
Vernunft.

MOZART *(leicht erzürnt)*. Ich weiß nicht, was ich
mehr verachte.

GESTALT. Mozart, ich bitte Euch, mäßigt Euren
Zorn.

MOZART *(zornig, laut)*. Haltet den Mund. Haltet Euren verlogenen Mund. Ich habe Euch von Anfang an misstraut, mein Herr.

GESTALT. Misstraut?

MOZART *(forsch)*. Ja, ganz recht misstraut.

(Die Gestalt beginnt neuerlich zu lachen.)

MOZART. Lachen ist demnach das Einzige dessen Ihr imstande seid.

GESTALT. Wahrlich, Ihr werdet mir eine vollkommene Unterhaltung bereiten.

MOZART *(neugierig, zornig)*. Wovon sprecht Ihr zum Teufel?

GESTALT. Aber Mozart. Benehmt Euch nicht wie ein törichter Bauer. Zügelt Eure Zunge im Tempel des Herrn.

MOZART. Pardon? Ich muss mich schon sehr wundern. *(Spöttisch.)* Ist es vielleicht Eurer Aufmerksamkeit entgangen, erlauchteste Majestät, dass Ihr jenes anzügliche Verhalten konkretisiert habt. Ihr ward es doch, der diese fälschlichen Aussagen getätigt hat, oder? Und als Seher, der Ihr angeblich seid, errietet Ihr da nicht längst, eine mögliche Provokation meinerseits? Demgemäß spielt es nicht runter, so als trüge ich die alleinige Schuld für diesen Wutausbruch.

GESTALT. Beruhigt Euch Mozart. *(Stiller, hypnotisierender Blickkontakt mit Mozart.)* Beruhigt Euch.

MOZART *(ruhiger werdend)*. Bin ruhig, ganz ruhig. *(Versinkt in einen tranceähnlichen Zustand; wartet auf weitere Befehle.)*

GESTALT. Gut gemacht, ausgezeichnet. Ich bin stolz auf Euch. Und jetzt, wacht auf. *(Hebt den Arm und lässt Mozart erwachen.)*

MOZART *(kennt sich nicht aus, blickt fragend um sich)*. Was ist geschehen? Wo bin ich? *(Sieht zur Gestalt.)* Wer seid Ihr?

GESTALT. Nicht der, für den Ihr mich haltet. Lasst uns weiterplaudern.

MOZART. Plauderei? Wir?

(Die Gestalt nickt.)

MOZART. Worüber?

GESTALT. Eure Existenz. Und das was Ihr für mich erledigen könnt.

MOZART. Habt ihr einen Auftrag für mich?

GESTALT. Gewissermaßen, ja.

MOZART. Zu aller erst das Geld. Welche Bezahlung schlagt Ihr vor?

GESTALT. Natürlich, ich vergaß. Wie wäre es mit einem verlängerten Wandeln auf dieser Erde, Mozart? Ein Angebot, das mehr als gerechtfertigt erscheint.

MOZART *(überrascht)*. Ihr scherzt.

GESTALT. Ich mache keine Scherze.

(Mozart sieht ihn lauthals grinsend an.)

MOZART. Ihr zeigt Humor. *(Grinst weiter.)* Das gefällt mir. *(Pause, verschränkt die Arme, selbstsicher.)* Einverstanden, euretwegen will ich eine Ausnahme machen. Doch sobald mein Auftrag erfüllt ist, liegt es an Euch, mir einen angemessenen Preis zu zahlen.

(Die Gestalt willigt mit einem lautlosen Nicken ein.)

GESTALT. Wie oft hat man Euch dieser Tinktur ausgesetzt?

MOZART. Tinktur? Was meint Ihr?

GESTALT. Als Kind, ward Ihr da häufiger krank?

MOZART *(lächelnd)*. Mutter meinte immer, wir sollten beten. Beten zum Herrn um Gesundung. Ihr müsst wissen, sie war herzensgut. Eine Frau, die Anstand machte, aus ihrem häuslichen Gefängnis auszubrechen. *(Pause.)* Beten, welch ein Unfug. Als ob Gott uns dabei helfen würde, gesund zu werden. Heißt es nicht, hilf dir selbst?

GESTALT. Wie schwer waren sie?

MOZART. Die Krankheiten?

(Die Gestalt nickt.)

MOZART *(erinnert sich wehmütig)*. Starkes Fieber benebelte unseren Verstand. Wir waren übersät von rötlichen Flecken. Überall. Bauch, Brust. Sogar der Rücken glich einem einzigen Pilz.

GESTALT. Einem Pilz?

MOZART. Ja.

GESTALT. Wie viele litten darunter?

MOZART. Nur das Nannerl und ich.

GESTALT. Und die Genesung?

MOZART. Der Arzt kam. Wir konnten ihn kaum
verstehen. Er sprach Englisch. Vater tat sich
erheblich schwer mit der Übersetzung. Wir
befanden uns gerade wieder auf einer unserer
Reisen, die Vater stets nach striktem Muster
organisierte. Am Ende lief es stets auf dasselbe
hinaus.

GESTALT. Aber der Arzt?

MOZART. Wir wurden zur Ader gelassen. Man
verabreichte uns ein komisches Pulver,
welches man zuvor im Wasser auflöste.

GESTALT. Die Tinktur.

MOZART. Ja. Ich wollte es nicht. Es schmeckte so
scheußlich. So unsagbar ekelhaft, dass mir
übel wurde. *(Verzieht sein Gesicht.)* Mich

überkam stets ein Brechreiz. Musste mich übergeben. *(Pause.)* Die Krankheit verschwand nach einigen Tagen. Vater sagte, dass es dennoch Wochen waren. Wir haben uns nie richtig erholt. Dafür fehlte uns einfach die Kraft. Diese ewigen Reisen. Einmal hierhin, einmal dorthin. Ja, ich kann wahrlich behaupten binnen kürzester Zeit ganz Europa bereist zu haben. Ständig spielten wir irgendwo. Waren zu Gast an verschiedenen Königshöfen. Man nannte uns die Mozarts, die Salzburger Wunderkinder. Vater hoffte auf eine spätere Anstellung meinerseits und, dass das Nannerl in eine angesehene Familie einheiratet. Er versuchte wirklich alles. Er nutzte jede sich bietende Gelegenheit unser Können vorzuführen.

GESTALT. War Leopold streng mit euch?

MOZART. Ja, sehr. Er hatte noch nie ein Gespür für die Wünsche eines Kindes. Die Menschen sollten kein schlechtes Bild von uns erhaschen. Er, der stolze Kapellmeister, musste seinen guten Ruf wahren. Untadeliges Benehmen brächte ihn in größte Schwierigkeiten. Ja, Vater, ich verhalte mich ruhig. Wie ein Toter werde ich schweigen. *(Verharrt stillschweigend.)*

GESTALT. Das Stück, mit welchem ich Euch
beauftrage, soll dieses Leidens innigster Tadel
sein. All Eure Ängste, Sorgen und Nöte
müssen sich hier vereinen, einfließen in des
Schreibers feurige Hand. All seine
Leidenschaft, all sein Wissen soll sich der
Bewunderung ergötzen. *(Pause.)* Ein Requiem
fein, ja das ist´ s, was ich von Euch verlange,
euch abverlange. Gebt mir Euer Wort, das Ihr
es schreiben wollt. Doch will ich hinzufügend
bedauern, das es zugleich Euer letztes Werk,
das letzte dessen ihr jemals fähig seid
niederzulegen, sein wird. Unvollendet bleibt´ s
des erwartungsvollen Schlusses wegen, auf das
es später zum Ruhme Euch gereicht. Mehr als
alles andere, wofür Ihr bekannt.

MOZART *(glaubt es nicht)*. Wie poetisch. Mein
letztes sagt Ihr?

GESTALT. Ja.

MOZART *(macht sich einen Witz daraus)*. Das
unheimliche Stück. Mich schaudert´ s Euch in
diesem Tone zu hören. Sagt, wie lässt es sich
vereinbaren, war doch eben noch die Rede von
Bezahlung. Wie kann ich meinen Lohn
genießen, ist es mir doch nur bestimmt zu
sterben, abzutreten.

GESTALT. Offensichtlich hat Euer Gedächtnis seinen angestammten Platz wieder gefunden. Bravo! *(Kurze Pause.)* Bravo!

MOZART. Keine Ausflüchte, mein Herr.

GESTALT. Ich weiß, der Preis der Schwäche. Vergebt mir. Meine Arbeit bereitet mir unentwegt schwerste Stunden. Ich bin überfordert. Schlicht überfordert. All diese Seelen. Ihr Gejammere. Menschen können so lästig sein. Ja, sie widern mich förmlich an, um den Punkt zu treffen. Manchmal hoffte ich, sie lebten ewiglich, auf das ich endgültig meiner Gewohnheit entflieh. Zugegeben, ihre Tänzelei treibt mich zur gänzlichen Vollzückung. Und wenn sie sich sträuben, so ist´ s als wäre mir das Glück zugegen. Ob Päpste, Bischöfe oder Könige, Männer oder Frauen, ob jung oder alt, Kinder oder Erwachsene. Allesamt erreichen sie die Bretter meiner Bühne. Ob Schlacht oder Krankheit, Seuche oder Leid, im Umwege sind sie alle bereit.

MOZART *(erneut zornig)*. Gewagte Worte. Ein übertriebener Größenwahn, scheint´ s. Verfügt Ihr über soviel Macht und Einfluss, dass Euch redlicher Sinn für Bescheidenheit abhanden gekommen ist? Grenzenlos weit und unbekümmert? Oder obliegt hier das Abbild eines irreführenden Wahnsinns? Eine Prüfung Gottes sozusagen, welche jeden verdammt, der ihr folgt?

(Die Gestalt bleibt stumm und beginnt merkwürdig zu zittern, um sodann in ihre alte Steifheit zurückzufinden.)

MOZART. Der ihr folgt, habe ich gesagt. *(Mit ernster Miene zur Gestalt, die weiter schweigt – doch dann.)*

GESTALT. Seht her, Mozart. *(Mozart alias Hans zuckt zusammen; wirkt leicht verstört.)* Euretwegen ziehe ich meine Maske. Lüfte des Geheimnis Neugier. Ihr sollt wissen um mein Gesicht.

(Die Gestalt nimmt, für uns uneinsichtig, vor Mozart die Maske ab. Mozart schreckt zurück. Er kann kaum glauben, was er sieht.)

MOZART *(geschockt; nervös zu Constanze und dem restlichen Publikum blickend)*. Sollte ich am Ende Recht behalten haben?

GESTALT. Schockiert?

MOZART. Ich dachte …

GESTALT. Seid unbesorgt. Ihm geht es gut.

MOZART. Un…, Unbegreiflich, weshalb Ihr eines
Kostüms Verschleierung als nützlich erachtet.
Ihr, auf sicherer Seite bestimmend,
rechtschaffend in Ausrichtung und
Einbringung kosmischer Energien.

GESTALT *(legt sich die Maske wieder an)*. Aber
Mozart. Merkt Ihr nicht, wenn die eigene
Phantasie mich Euch durchgeht? *(Zu sich
selbst.)* Ihr Menschen. Es ist keine Eurer
Opern, deren musikalisches Drama Ihr
widerspiegeln müsst. Ist Eure Ansicht über
meine Arbeit so von Perfektion getragen, dass
Ihr selbst statt meiner sammeln wollt?

MOZART. Sammeln?

GESTALT. Seelen, Mozart, Seelen. *(Pause.)* Wie oft
wünschte ich Entsatz, wie oft. Müde bin ich,
müd. Denkt Ihr es sei ein Genuss in
Gegenwart des Jenseits, dem Spektrum des
Ewiglichen, pausenlos zu schuften? Denkt Ihr
das?

MOZART *(überrascht)*. Eigentlich, hätte ich aus
Eurem Munde, solch´lei Worte nicht erwartet.

GESTALT. Erwartet, erwartet, papperlapapp. *(Leicht zornig.)* Meint Ihr, es ist die uneingeschränkte Heiterkeit, dem Fleische meinen Willen aufzuzwingen. Denkt Ihr?

MOZART. Ist es denn anders?

(Die Gestalt lacht.)

GESTALT. In mancher Hinsicht, ja. Seht Euch nur selbst. Vergnügen würdet Ihr mir bereiten, forderte ich Euren Kopf zu dieser Stund.

(Mozart erschrickt erneut.)

GESTALT. Seht Ihr, was ich meine? Schon ein Wort von mir genügt und Euch wird bang. Aber seid Euch gewiss, noch dürft Ihr hoffen.

MOZART. Scherzen könnt Ihr gut, wohl war. Doch ist Euer Ernst dabei beträchtlich.

GESTALT. Ihr Menschen. *(Pause.)* Es muss wunderbar sein, Schmerzen in ihrer Ursache zu dulden. Sie bedingungslos auszukosten, dahinzuleiden, wie es dem Pöbel gefällt. Bis aufs Blut gereizt sich sehn, hilflos und krank.

MOZART. Wieso sagt Ihr solcherlei Beklemmung? Ist Euch nicht gut?

GESTALT. Dieses Bündel von menschlicher
Begabung, ist mir fremd. Durch und durch
fremd. Vereist bin ich, gesetzt in anderes
Gehabe. Ihr versteht?

MOZART *(kopfschüttelnd)*. Nein.

GESTALT. Ich will nicht mehr. Seit endlosen
Gezeiten bekunde ich nun Gehorsam, die
Untertänigkeit. Geleit den Mensch hinweg von
seinem Heim, hinüber in ein zurechtgelegtes
Dasein. Erwäge die Befriedigung davor.
Musiziere für sie, dränge sie zum Tanzen, zum
Feiern gar. Doch anstatt mir zu danken,
Anerkennung zu zollen, fühlen sie sich
betrogen, verspottet gleich einer Kröte im
Sumpf. Krampfhaft umschlängeln sie ihr Hab
und Gut, sträuben sich auf allen Vieren.
Wollen nicht verlieren, was sie nie besessen,
schreien und trotzen mir entgegen, kühn
gewagt. Mir. *(Pause.)* Manch einer versucht´ s
mit Klugheit, im Gespräche, so wie wir im
Augenblicke, einen Kompromiss, eine
Einigung zu finden. Nein, sag ich. Für Euch
fälschlich Volk gibt es keine Einigung. Kein
Bitten und kein Betteln. Weder List noch
Ideen. Ich bin gekommen Euch zu holen. *(Mo-
zart wirkt nervös.)* Merket, das Verhandlungen
zwecklos sind. Wie wahr, manch Menschlein

muss man zwingen zu seinem Glücke oder
zerren wie beliebt. *(Pause.)* Und dessen ist´s,
Mozart, im groben Allgemein, wessen ich
überdrüssig geworden. *(Höhnisch.)* Verschont
mich, bitte verschont mich! Schenkt mir noch
ein Jahr! Seid gnädig! Ich tue alles was Ihr
wollt, doch wartet noch ein Jahr! Parasiten,
nichts weiter als einfallslose, verkrüppelte
Parasiten. *(Pause.)* Wie recht Gott tut in
seinem Werk.

MOZART. Und warum erzählt Ihr mir dieses? Bin ich
denn anders? Wer bin ich, sagt, wenn nicht
dergleichen Parasit, obschon ein Mensch?

GESTALT. Es wäre schade, auf herkömmliche Weise
dies gute Talent schäbig zu verschwenden.
Erlaubt mir, ein Exempel zu statuieren. Ja, ich
mache eine Ausnahme, Mozart, euretwegen.
Vergesst das nie.

MOZART. Deswegen also ein Requiem!

GESTALT. Eben so. Ich versprech Euch eins. Obwohl
mein Kommen garantiert. Die Messe Euer
eigen ist. Verzicht ich gern auf eurer Füße
Glanz, gesittet werd Ihr gehen hinfort, abseits
erlebter Ignoranz.

MOZART. Werdet Ihr halten, was gesprochen? Nur dieses eine Mal? *(Flehend.)* Bitte! *(Pause.)* Bitte! Führt mich nicht des Zweiten in die Täuschung wie zuvor.

GESTALT. Nein, Mozart, diesmal nicht. Diesmal dürft Ihr erwägen, was ich verkünd.

MOZART *(erleichtert)*. Habt Dank, sollte dies die Wahrheit sein. Jedoch ein Wunsch lastet mir im Herzen schwer. Von Kindheit her, hält´ s mich gefangen, der Blick in die Zukunft, mein eigen Fortbestehen. Ihr, Gevatter, hättet diese Gabe, nicht?

GESTALT. Nach Vorhersehung dürstet Euch? Reicht das Wissen um Euren Abschied nicht aus? Bedarf es derer Fülle mehr?

(Mozart nickt.)

GESTALT. Gut, dem stimm ich zu, so soll´ s denn sein. Der Einmaligkeit zur Genüge.

(Die Gestalt hebt beide Arme, beschwörend den unsichtbaren Geist.)

GESTALT *(kurze Pause)*. Opern werdet Ihr schreiben. *(Im Hintergrund erklingen Auszüge von FI-GARO, DON GIOVANNI, die ZAUBERFLÖ-*

TE und COSI FAN TUTTE.) Großartig, wie in
früh´ ren Tagen. Ihr werdet Reisen
unternehmen, illustre Leichtigkeit zerstreuen,
wie eh und je. Prag, Frankfurt, Dresden sogar
Nürnberg erwarten Euch. Man applaudiert
nicht überall. *(Seufzt plötzlich.)* Ach Mozart,
nicht erneut.

MOZART *(neugierig)*. Habt Ihr Schatten kreisen
    sehen? Ist Euch nicht wohl, der Bilder mein?

GESTALT. Wessen hab ich Euch belehrt?

    (Mozart, ahnungslos, zuckt mit den Achseln.)

GESTALT. Sagte ich nicht, dass Constanze auf Kur
    sich begeben würde, wenn weiterhin der
    Zigeuner in Euch wohnt?

MOZART. Ja, so war´ s. Aber Ihr widersprecht Euch,
    Gevatter. Klangen Eure Worte nicht
    berechnend? Unversöhnlich mit dem, was
    geschieht? Das niemand es ändern kann, sein
    eigen Wesenszug? Hörte ich Euch dessen nicht
    belehren?

    (Die Gestalt lacht amüsiert.)

GESTALT. Ich hab gelogen, sei´ s drum. Ändern lässt
    sich vieles, wenn man will.

MOZART *(erstaunt)*. Mit Absicht habt Ihr meiner
provoziert? Mit Absicht? Mich erdreistet Wut
zu spüren? Ist´ s denn wahr, mein edler Herr?
(Pause.) Weshalb wurd ich zum Dummkopf
degradiert? Weshalb?

(Die Gestalt schweigt beharrlich.)

GESTALT *(Pause)*. Ich wollte sehen, welch Dämonen
in Euch schlummern. Verwurzelt tief in eures
Herzens Schlag. Sie erst sichtbar werden,
wenn unverblümt, Spott und Pein auf Euch
hernniederregnen. Und nun, da es passiert, will
ich sagen, ändert Euch, solang´ s Euch
zugetragen. Wartet nicht zulang, mein armer
Freund.

*(Mozart verschränkt sein Arme und ist belei-
digt. Er versucht die Gestalt zu ignorieren, die
andere Seite der Bühne im Auge.)*

MOZART. Welch Fluch hält mich befangen? Welch
Wahnwitz ist dies Sein?

GESTALT. Kein Fluch, der nicht durch Euch
entstanden. Ändert das, mehr mag es nicht.

MOZART. Wie kann ich Euch noch trauen? Ihr, der
Ihr nur gekommen seid, um mich in Euer

spielerisches Geflecht hineinzubinden. Mich
zu demütigen. In den Staub zu werfen nächst
Eurem Gebein. Verdien ich doch nichts
Besseres.

GESTALT. Ich bedaure Mozart, Euch so schändlich
hintergangen zu haben.

MOZART. Bereut. Es ist umsonst. Stützend auf Euer
machtvolles Gehabe, dessen Ihr befleckt,
haltlos befleckt. Ja, Ihr braucht tatsächlich
Entsatz, wie ich seh. Doch was tu ich kund, ich
eseliger Narr, ich hab weder Recht noch
Macht. Also, bestraft mich, mein edler Herr,
bestraft mich. Ich beuge mich Eurer Gewalt,
wie Ihr es wünscht. Suhle mich im Angesicht
von Schmutz. *(Mozart kniet nieder.)*

GESTALT. Steht auf, es ist vorbei. Lasst nicht enden
unser Wort im Streit.

(Mozart erhebt sich.)

MOZART. Und Euer Auftrag? Auch ein
Hirngespinst? Wieder nur eine einzige Lüge?

(Die Gestalt schüttelt den Kopf.)

GESTALT. Er kommt zu Euch in jenen Tagen, so wie
ich heut kostümiert. Er wird klopfen an Eures

Türe Schwelle, mit Goldmünzen in der Hand. Lasst ihn ein, hört sein Flehn, sein Bitten für ein weiblich Totengeläut. Schreibt so weit wie ihr nur könnt, der Dank der Ewiglichen Euch gewiss.

MOZART *(forsch)*. Wer ist er? Vermag ich ihn zu kennen?

GESTALT. Ein Graf ist´ s, ein Graf in meinem Sinne handelnd.

MOZART. Von Euch gesandt?

(Die Gestalt nickt, nachdenklich.)

GESTALT. So habt Ihr in all dieser Zeit nie zu Gott gefunden?

MOZART *(perplex)*. Was?

GESTALT. Ach, nur bedauerlich Gedankengut.

MOZART *(ratlos)*. Ich versteh nicht. Ist dies der klägliche Versuch, der Menschlichkeit Wohlgefallen, von Neuem zu prüfen? Es der Waagschale zu übergeben, wie´ s Euch geziemt?

GESTALT. Lasst es, Mozart. Des Zweckes wegen sei´
s nun genug. Habt Ihr doch längstens den
rechten Schritt verloren. Euren Glauben zum
Allmächtigen.

MOZART. Welch Fragerei. Befürcht ich doch, Ihr
wollt mich lenken, ab von der Gewissheits
richt´ gen Kern.

GESTALT. Nein. Aus und vorbei. Der Ausflüchte, der
Lügen. Schluss damit!

MOZART. Ausflüchte? Wie bescheiden Ihr doch seid.
(Pause.) Dennoch wartet Ihr auf Antwort,
nicht? Sollt ich Eurem Trug abermalig erlegen
sein? Mit Bravour Ihr Euer Handwerk
versteht, freilich. Wohlan, Gevatter, hier mein
Geschwafel. Ob ich an Gott gedenke, wolltet
Ihr fragen. *(Kurze Pause.)* Wieso sollte ich.
Ich kam ganz gut ohne zurecht. Mit Ausnahme
der Möglichkeit eines lohnenden Geschäftes
selbstverständlich.

GESTALT. So baute Eure Beziehung zum
Katechismus geradewegs auf den Grundfesten
des Geldes? In Anhäufung von Unsummen
desgleichen? Einem primitiven Metall?

MOZART. Mir gefiel dieses Gefühl der
Eigenständigkeit. Jene unbeschreibliche

Freiheit, wundersam und unwiderstehlich wie
sie war.

GESTALT *(winkt ab)*. Verschone mich mit
Einzelheiten. Sie sind mir hinlänglich bekannt,
Mozart.

MOZART. Das nehm ich an, das nehm ich an!

GESTALT. Dann gehörte auch Eure Freude, über die
Auszeichnung seitens des Papstes, nur zu
einem hämischen Spiel?

MOZART. Ja.

GESTALT. Sicherlich ist es berechtigt in Anbetracht
immenser Schulden, seine Gedanken an Geld
zu verschwenden, dennoch frage ich mich, wo
bleibt die Rührung, die innere Befriedung bei
alle dem. Ist´ s doch etwas Besonderes solch
erlesenem Ereignis beizuwohnen. Nicht zuletzt
der Ehre seiner Heiligkeit gegenüberzutreten.

MOZART *(abwertend)*. Heilig? Wer ist hier heilig?
Ich sah nur einen gebrochenen alten MANN,
dem jede erdenkliche Würde fehlte. Ja,
wahrlich fromm. *(Spöttisch.)* Ich sehe noch
den Heiligenschein über seinem Kopfe
schweben. *(Grinst.)*

GESTALT. Seid still, Unglückseliger!

MOZART. Lange genug hab ich geschwiegen.

GESTALT. Untersteht Euch, weiterzusprechen.

MOZART. Nachdem mir beigebracht wurde, Mund
und Zunge zu gebrauchen, ist es mein
angestammtes Recht, Reflexionen in Worte zu
kleiden.

GESTALT. Vielleicht Euer Recht, jedoch kaum Euer
Privileg.

MOZART *(grinsend, fühlt sich herausgefordert)*. Ihr
beschämt mich. Wollt Ihr mir etwa das Maul
verbieten?

GESTALT. Ich rate Euch, belasst es bei meiner
Warnung. Vermeidet meinen Zorn.

MOZART. Soll ich dies als Drohung auffassen?

GESTALT. Fasst es auf wie Ihr wollt.

MOZART *(reicht es)*. Schön, belassen wir es dabei.
Gleichwohl ich einiges über unseren
hochverehrten Vater und erlauchten
Stellvertreter Gottes auf Erden zu berichten
wüsste. Einschließlich seiner Vorgänger,

natürlich.

GESTALT. Schluss jetzt!

MOZART. Warum?

GESTALT. Es ist Euch untersagt, Fragen zu stellen.

MOZART *(spielt den Unwissenden)*. Warum?

GESTALT. Mozart, zum allerletzten Mal, beendet Eure Kinderei.

MOZART. Wieso Kinderei? Erklärt mir, wie es möglich war, dass dereinst drei Päpste gleichzeitig, die Nachfolge Petri beanspruchten? Wie es möglich war, dass sie sich gegenseitig bekämpften? Dass ihnen dabei jedes Mittel rechtens war, einschließlich Gift?

GESTALT *(erzürnt)*. Reizt mich nicht.

MOZART *(spöttisch)*. Reizt mich nicht, reizt mich nicht. Weshalb dieser Groll? Ich stellte Euch eine einfache Frage und verlange einmal mehr eine einfache Antwort darauf. Ist es denn so schwer? Steht nicht geschrieben, du sollst nicht töten? Du sollst nicht begehren, deines

Nächsten, Haus, Hof und alles, was sein ist? *(Kurze Pause.)* Oder sagt mir wie es geschehen kann, dass ein scheinbar keuscher Mann namens Alexander, unendlich viele Kinder zeugt, ohne auch nur ein einziges Mal seinem Eid Folge zu leisten. Das ihm Ausschweifungen wichtiger waren, als der redliche Dienst zu Gott. *(Kurze Pause, blickt die Gestalt mit ernster Miene an, weiche beharrlich schweigt.)* Ich ahnte es. *(Schmunzelt.)* Dabei würde die Geschichte noch soviel bereithalten.

GESTALT. Bereithalten ja. Ihr verliert Euch in Zweideutigkeiten. Seht ich bin gekommen, Euch zu überwachen, auf Euch aufzupassen sowohl als auch Grüsse meiner Herrin darzubringen.

MOZART *(irritiert; wieder nervös zum Publikum schauend; laut)*. Ich kann Euch nicht ganz folgen, Herr.

GESTALT. Nun steht es an Euch eurem Versprechen nachzukommen. Es umzusetzen.

(Mozart alias Hans wirkt verunsichert; Nachdenklich. Er hadert mit seinem Text.)

HANS *(fällt es augenblicklich wieder ein).* Eben ja, mein Versprechen. *(Schlägt sich auf die Stirn; grinst zum Publikum.)* Gleich mein Guter, gleich. Bloß keine unnötige Panik. *(Beugt sich zur Gestalt.)* Seid Ihr verrückt? Wollt Ihr meine Aufführung ruinieren? Ich weiß sehr wohl wie die Posse zu inszenieren ist. Oder kennt Ihr die Vorzüge höherer Dramatik? Kennt Ihr sie? *(Die Gestalt schweigt wie immer.)* Seht ihr, genau deshalb. Somit lasst mich zu Ende führen, was ich angegriffen. Nach meinem Ermessen. Nach meiner Nase.

(Das Licht reduziert sich und wandert von Hans alias Mozart weg zu einer kleinen Anhöhe im Hintergrund, wo ein sitzendes Pärchen, jugendhaften Aussehens, sichtbar wird. Während die Frau noch eindeutig der Antike zuzuweisen ist, lässt sich beim Mann eine Vermischung unterschiedlicher Zeitalter feststellen. Er trägt eine Hose, gleichzeitig aber auch eine Toga darüber.)

DRITTE SZENE

JUNGE FRAU alias *PERSEPHONE. JUNGER MANN* alias *HADES.*

JUNGE FRAU. Und? Gefällt es dir?

JUNGER MANN *(nickt)*. Ja, doch, wirklich sehr gelungen, dein Schauspiel. Bleibt einzig abzuwarten, wie sehr der Höhepunkt auch tatsächlich einem Höhepunkt entspricht.

JUNGE FRAU. Sei unbesorgt. Du wirst ihn lieben.

JUNGER MANN. Hast du dich an die Anweisungen gehalten?

JUNGE FRAU *(nickt)*. Ja.

JUNGER MANN. Die Kriterien berücksichtigt?

JUNGE FRAU. Ja, du wirst staunen.

JUNGER MANN *(lächelt)*. Gut. Denn wir wollen doch nicht gegen die Regeln verstoßen, meine Liebe.

JUNGE FRAU *(leicht erschrocken; nervös)*. Nein, ganz gewiss nicht.

JUNGER MANN. Dieser Mensch da, wie hieß er gleich ... ?

JUNGE FRAU. Horaz.

JUNGER MANN. Richtig, Horatius. Er wusste, was er tat.

JUNGE FRAU. Ein großer Denker seiner Zeit.

JUNGER MANN. Und dennoch war er ein Mensch. Vergiss das nicht.

JUNGE FRAU. Nein.

JUNGER MANN. Ein nichtssagendes Häufchen Erde. Geformt um uns dienlich zu sein. *(Kurze Pause.)* Desto mehr gedenke der eigenen Unsterblichkeit. Es ist wichtig sich Ihrer hin und wieder zu besinnen. *(Die junge Frau wendet sich entnervt ab.)* Unser ...

JUNGE FRAU *(gelangweilt)*. ... aller Tugend stellt sie dar, ich weiß.

JUNGER MANN. Genauso ist es.

JUNGE FRAU. Welch eine Neuigkeit.

JUNGER MANN *(bemerkt den gelangweilten Blick seiner Frau)*. Langweile ich dich etwa, Werteste?

JUNGE FRAU. Wie hast du das nur erraten?

JUNGER MANN. Aus welchem Grund?

JUNGE FRAU. Muss es denn immer gleich einen Grund dafür geben, warum man so fühlt wie man fühlt? Bedarf es immerfort einer deutlichen Erklärung?

JUNGER MANN. Also ist dein Verhalten willkürlich?

JUNGE FRAU. Das habe ich nicht gesagt.

JUNGER MANN. Wenn ich dir förderlich sein soll, ist es wesentlich Persephone, dass du es mir erzählst.

PERSEPHONE. Nein.

JUNGER MANN. Nein?

PERSEPHONE. Nein. Ich beanspruche deine Hilfe nicht.

JUNGER MANN. Persephone, bitte. Mach es mir nicht schwerer, als es ohnehin schon ist.

PERSEPHONE. Wie bist du eigentlich auf dieses Thema Mozart gestoßen?

JUNGER MANN *(etwas irritiert)*. Nun. Sagen wir – willkürlich. Ich wollte einfach einen Mann dieser Zeit. Eine Berühmtheit. Eine menschliche Berühmtheit wohlgemerkt. Sie sollte als Ausgangspunkt für unsere Tragödie stehen.

PERSEPHONE. Wann hast du ihn kennen gelernt?

JUNGER MANN. Wen? Diesen Mozart?

PERSEPHONE. Ja.

JUNGER MANN. Am Tage seines Ablebens.

(Abblende. Einspielung von Musik – MO-ZARTS REQUIEM / Auszüge.)

Der Schauplatz verwandelt sich in einen freien Platz vor den Toren des St. Marxer Friedhofs in Wien. Es ist ein Wintertag des Jahres 1791.

VIERTE SZENE

Zwischen Kerzen aufgebahrt, sehen wir MO-ZART – tot. Er wird umringt von einer GRUPPE FREMDER GESTALTEN, allesamt in einem grauen BAUTA-Kostüm, schwarz maskiert. Regungslos starren sie auf den toten Körper. Plötzlich Nebel; gleich darauf GEVATTER TOD mit Sense höchstpersönlich. CONSTANZE MO-ZART. CARL THOMAS. COSTANZES MUTTER. AN-

DERE BEKANNTSCHAFTEN. HADES in Gestalt ei-
nes alten Mannes.

GEVATTER TOD *(hebt die Sense)*. Somit soll es
geschehen. *(Senkt den Arm; vier der Gestalten
heben wie auf Kommando, Mozarts Leichnam
hoch.)* Die Stunde ist gekommen. *(Dreht sich
um, marschiert ab, gefolgt von den Trägern
und dem übrigen Gefolge; dahinter sichtbar
werdend - die schwangere Constanze, ihr klei-
ner Sohn Carl Thomas sowie Constanzes Mut-
ter einschließlich einiger andrer Bekannt-
schaften des Toten. Sie stehen zusammen, je-
weils mit gesenktem Haupt; Carl Thomas
winkt seinem Vater hinterher. Wir erkennen
den Leichzug der sich im Hintergrund in Rich-
tung des St. Marxer Friedhofs begibt, schat-
tiert; ein Sturm ist zu hören.)*

CONSTANZE. Was soll ich jetzt tun?

MUTTER *(streng)*. Keine Angst mein Kind.
Sämtliche Vorkehrungen sind getroffen. Man
wird sich um dich kümmern.

CONSTANZE. Und wann kann ich zu ihm?

MUTTER. Das wird sich zeigen. Vorerst allerdings
darf ich dir anraten, jede weitere Aufregung
gänzlich zu vermeiden. Noch dazu in deinem

Zustand. Nimm Rücksicht auf dein Kind, Stanzerl.

CONSTANZE. Dir ging es doch immer nur um eigene Belange, Mutter. Um das was deine Person repräsentiert in der Gesellschaft, um deinen Status, nichts weiter. Nicht doch um mich. Wenn du mich so genau kennst, wie du vorgibst, wüsstest du welche Sorgen mich plagen.

MUTTER. Mein Kind es sollte dir ein Trost sein, das man sich um Euer tägliches Auskommen bemühen wird.

CONSTANZE. Das meinte ich nicht. Geld vermag nie den Wert eines geliebten Menschen zu ersetzen. Mein Wolferl ist TOT, Mutter! *(Drückt Carl Thomas an sich.)*

MUTTER. Wenn überhaupt ist Geld das Einzige, das momentan für dich von Bedeutung sein muss. Wie sonst willst du deine Kinder ernähren? Er hat´ s doch sowieso nur immer mit beiden Händen verschleudert, zum Fenster rausgeworfen.

CONSTANZE. Und trotzdem war er stets für uns da.

MUTTER. Mögen wir noch so viele Eigenschaften haben, die Welt achtet nur auf unsere schlechten.

CONSTANZE. Mutter bitte. Wolferl war halt anders. Tag und Nacht hat er geschuftet.

MUTTER. Gewiss. Doch ich frage Euch für wen, wenn schon nicht für seine Familie?

CONSTANZE. Es mangelte uns an nichts, wenn Ihr das meint.

MUTTER. Und Euer ständiges Umherwandern? Warum war ihm keine der angebotenen Anstellungen gut genug?

CONSTANZE. Er wollte einfach mehr. Sein gutes Recht mit dieser Begabung.

MUTTER. Welche ich ihm auch nicht absprechen will. Trotzdem, g' schert hat er sich nur um seine Kunst.

CONSTANZE. Das stimmt nicht. Wolferl, … wir beide, … haben uns geliebt. Tief im inneren meines Herzen, weiß ich es. Deswegen tat er alles erdenkliche, um uns glücklich zu machen.

MUTTER. Oder von wo sonst hätte er es bekommen
sollen?

CONSTANZE. Bitte Mutter, nur dieses eine Mal.
Nicht vor dem Buben.

MUTTER. Weshalb so ängstlich? Carl Thomas darf
ruhig hören, was ohnehin schon die ganze
Stadt weiß. Alt g' nug ist er ja bereits.

CONSTANZE. Jedoch noch lange nicht so alt, als das
er Schlangen gewachsen wäre.

MUTTER. Nennt Ihr mich eine Schlange?

*(Plötzlich taucht ein gekrümmter, alter Mann,
in Fetzen gehüllt, neben den beiden auf. Ge-
stützt auf einen verschrobenen Stock tritt er
vor Constanze und ihre Mutter.)*

MANN. Seid gegrüßt, werte Damen. Ein tragischer
Verlust, ließ mich die Hinterbliebenen jenes
Mannes aufsuchen, der um die irdische Musik
bemüht, stets bestrebt den sakralen Höhepunkt
zu finden, so überraschend von uns gegangen
ist. Ergriffen von Trauer, möchte ich Ihnen
meine schmerzdurchdrungene Anteilnahme
aussprechen.

CONSTANZE. Danke. *(Leichte Verneigung.)* Woher kanntet ihr meinen Mann?

MANN. Wir waren Freunde im Geiste. Amade besuchte mich oft, um von mir in die Geheimnisse der Mystik eingeführt zu werden.

CONSTANZE. Mystik?

MANN. Ja. Amade war wirklich ein gelehriger Schüler. Nicht allein deswegen, konnte er das Erlernte in seine Musik einfließen lassen. Es verlieh seinen Kompositionen erst den so genannten letzten Schliff.

CONSTANZE *(verwundert)*. Er hat mir nie etwas darüber erzählt.

MANN. Man erinnere sich nur an die Zauberflöte. Ein Meisterwerk, dass seines gleichen sucht. Oder den unvergesslichen Don Giovanni. Cosi Fan Tutte. Die Hochzeit des Figaro. Ganz zu schweigen von der Entführung aus dem Serail.

(Während der Mann spricht, entsteht um ihn herum, eine szenische Projektion, welche die jeweiligen Höhepunkte oben genannter Opern zeigt, einschließlich dazugehöriger Musik.)

CONSTANZE. Ich danke Ihnen, alter Mann.

MANN. Ich danke Ihnen. *(Reicht ihr die Hand. Constanze zögert sie anzugreifen, trotz ihrer Handschuhe, welche sie trägt. Schließlich verneigt sie sich und geht mit Carl Thomas, der sich nun ebenfalls verbeugt, ab.)*

MUTTER. Sie kannten also meinen Schwiegersohn?

MANN. An und für sich, ja.

MUTTER. Wie gut kannten Sie Ihn?

MANN. Sehr gut, Madame. Ich schätzte ihn bereits wie meinen eigenen Sohn.

MUTTER. Wussten Sie auch um seine Verschwendung?

MANN. Amade war wie ein offenes Buch für mich. Seine zahlreichen Orgien und Affären, worauf Sie zweifellos anspielen … *(Constanzes Mutter nickt.)* … blieben mir nicht verborgen. Nicht im Geringsten. *(Schmunzelnd.)* Obwohl es manchmal wünschenswert gewesen wäre. Sicherlich.

MUTTER. Dann kennen Sie auch sein Schicksal?

MANN. Sie meinen die Krankheit?

MUTTER. Die Krankheit, eben diese, ja.

MANN. Armer Amade. Soviel Unglück auf eines einzelnen Menschlein Schulter.

MUTTER. Nehmt ihn nicht in Schutz. Er bekam nur das, was ihm zustand, was er verdiente. Der Standpunkt eines besorgten Vaters zählt hier nicht.

MANN. So? Was er verdiente, Madame? Ist dies bezeichnend für Eure Haltung gegenüber Eurem Schwiegersohn? Die nachträgliche Genugtuung. Ginge es tatsächlich um Züchtigung, wer von allen bliebe dann noch verschont?

MUTTER. Alter Mann, Philosophie erweist sich im Hinblick auf meinen Schwiegersohn, als haltlos. Nüchtern beschrieben, ist er nichts anderes, als ein treuloses Individuum.

MANN. Aufpassen, Madame. Versündigt euch nicht. Wer Böses säht, erntet Böses.

MUTTER. Dummes Gewäsch, alter Mann. Ich darf mich verabschieden. Guten Tag.

MANN. Es war mir ein Vergnügen. *(Neigt seinen Kopf leicht nach unten. Constanzes Mutter geht ab, ohne den alten Mann eines Blickes zu würdigen. Er spricht zu sich selbst.)* Vielen Dank, Madame. Ihr habt mir sehr geholfen.

(Im Zwielicht einer langsam eintretenden Dunkelheit, verwandelt sich der Greis in jenen jungen Mann, welchen wir zuvor bereits kennen gelernt haben. Seine Haltung ist stolz, voller Kraft. Gegenüber von ihm wird es hell; die Bühne angehoben. Kleine Gestalten in schwarzen Umhängen, bestückt mit Masken wie Fratzen, schwirren um die künstlich entstandene Anhöhe herum und bauen, ausgehend von vier kleinen Säulen, jeweils an den Eckpunkten aufgestellt, einen thronähnlichen Stuhl, inmitten dieser Umrahmung, auf. Der junge Mann nimmt unverzüglich Platz. Eine Gestalt tritt vor ihn und verneigt sich. Langsame Abblende.)

FÜNFTE SZENE

Stimme PERSEPHONE / HADES *(Off).*

STIMME PERSEPHONE. Rührend deine Verwandlung. *(Lacht.)*

STIMME JUNGER MANN. Danke. *(Leicht wutentbrannt.)* Aber zu lachen gibt es hier überhaupt nichts. Wer will Hades der Demütigung preisgeben, ohne dafür mit seiner Seele zu bezahlen?

Vorhang.

ZWEITER AKT

Erneut anhaltende Dunkelheit. Der Altarbereich im Pressburger Martinsdom, anno 1809. Wind und Spannungsmusik.

ERSTE SZENE

Stimme ERZÄHLER.

Ja, ja, Wolfgang Amade,
die schier leidvollste Episode,
eines Menschen Leben bis zum Tode.

Doch ist sein Nachruf nicht zu schade,
um dem festlichen Gestade,
vermeidlich als Veredelung zu dienen.

Es zu versüßen,
es zu erheben,
in den Stand der Herrlichkeit.

Langsam lichtet sich der Nebel,
legt sich sanftmütig der Hebel,
ein Höhepunkt ist greifbar nah.

ZWEITE SZENE

Stimme PERSEPHONE / HADES.

STIMME PERSEPHONE. Können wir fortfahren? *(Hades schweigt.)* Hades!

STIMME HADES *(ärgerlich)*. Hmmh?

STIMME PERSEPHONE. Ich sagte, können wir fortfahren?

STIMME HADES *(desinteressiert)*. Ja, ja.

STIMME PERSEPHONE *(erfreut)*. Gern.

STIMME HADES *(zornig, forsch)*. War sie es wert? War sie es? *(Persephone schweigt.)* Sprich! War sie es wert?

STIMME PERSEPHONE. Weshalb zürnst du mir? Du wirkst so verändert, so fremd. Du machst mir Angst, Hades, Angst.

STIMME HADES. Magst du mir nicht antworten?

STIMME PERSEPHONE. Aber natürlich schien er mir zur genüge geeignet. Hätte ich ihn sonst erwählt?

STIMME HADES *(versteht)*. Hans, wie?

STIMME PERSEPHONE. Hans irgendwer. Ist das so wichtig? Er besaß sämtliche Vorzüge seiner Spezies.

(Plötzlich - Die Schreie eines Neugeborenen.)

STIMME HADES *(abwertend).* Spezies.

DRITTE SZENE

Das Licht erhebt sich zögernd. Ein PRIESTER *mit angehobenen Händen, segnend. Davor kniend,* CONSTANZE MOZART *und ihr neuer Mann* GEORG NICOLAUS VON NISSEN, *Hand in Hand.* GÄSTE *die aufstehen sowie der Priester die Hände des Brautpaares mit seiner prunkvollen Stola umwickelt. Hernach* HANS.

PRIESTER. Somit erkläre ich Euch zu Mann und Frau. *(Entfernt die Stola; Constanze küsst Georg. Sie lächeln sich an. Das Paar bekreuzigt sich, steht auf, macht kehrt, um unter den Klängen der DITTERSDORFER KRÖNUNGSMESSE (GLORIA) den Dom Händchen haltend zu verlassen. Von der Seite her kommt plötzlich Hans in die Kirche geeilt. Leicht außer Atem setzt er sich zu den Anwesenden und beobachtet geschockt das Treiben vor ihm. Plötzlich steht er auf.)*

[Karl Ditter von Dittersdorf / Missa in C –
Anm. d. Autors.]

HANS. Constanze! *(Constanze reagiert nicht und*
geht weiter. Hans wagt einen neuen Versuch,
diesmal laut.) CONSTANZE! *(Das Brautpaar*
hält überrascht inne; Tumult unter den Anwe-
senden. Constanze dreht sich um. Hans begibt
sich zum Brautpaar.)

CONSTANZE. Kenn ich Sie, mein Herr?

HANS *(leichte Verbeugung).* Hofmair. Hans Hofmair
ist mein Name.

CONSTANZE. Hofmair, Hofmair. Kann es sein, dass
ich noch nie von Ihnen gehört habe?

HANS. Ich war ein Bewunderer Ihres verstorbenen
Mannes, Madame.

CONSTANZE. Ja, ja Wolferl. Wolferl hatte viele
Bewunderer. Leider nur wenige Freunde.

HANS. Das ist wahr.

CONSTANZE. Und welch sonderbarem Zufall hab ich
es zu verdanken, dass Sie heute hier sind, denn
wie Sie sehen, ist der Zeitpunkt für eine

Konversation relativ ungünstig. Finden Sie nicht?

HANS. Zugegeben, ja. (*Blick verlegen um sich. Die Anwesenden starren Hans verdutzt an.*)

CONSTANZE. Somit entschuldigen Sie mich, Herr Hofmair. Meine Gäste warten. (*Dreht sich wieder um; das Paar geht weiter.*)

HANS. Aber Sie machen einen Fehler.

CONSTANZE. Bitte gehen Sie jetzt. Sie bringen mich sonst noch in Verlegenheit.

HANS. Constanze, so hören Sie. (*Das Paar geht ab zusammen mit den Gästen, die Hans konsterniert ansehen, während er sich zurück auf seinen Platz fallen lässt; ergriffen zu sich selbst.*) Welch eine Sünde.

(*Der Priester kommt auf Hans zu.*)

PRIESTER. Was bedrückt dich, mein Sohn?

HANS. Ach, Pater. Seltsame Gedanken durchdringen meinen Kopf, quälen meinen Geist in letzter Zeit.

PRIESTER. Ist es denn so schlimm?

HANS. Schlimmer noch. Kaum das ich es wage auszusprechen *(Kurze Pause.)* Wäre es falsch Euch jetzt um eine Unterredung zu bitten?

PRIESTER. Falsch nicht, bloß ungünstig.

HANS. Es würde kaum länger als einen Moment dauern, Pater. *(Nervös um sich blickend.)*

PRIESTER. Wovor fürchtest du dich, mein Sohn?

HANS. Ich möchte, dass Sie mir die Absolution erteilen.

PRIESTER *(lächelt)*. Absolution? Wie stellst du dir das vor? Denkst du das ginge so leicht? Man muss erst beichten, Reue zeigen und einsichtig sein, um den Ablass des Herrn zu empfangen.

HANS. Dazu bin ich gerne bereit, Pater. *(Von außen hört man Kanonendonner; einschlagende Geschosse.)* Das ist nicht mein Krieg.

PRIESTER *(Seufzt; wieder zu Hans.)* Bereit seid Ihr, mein Sohn?

HANS. Ohne zu zögern.

PRIESTER. Es steht außer Frage, dass, das unter

anderen Umständen, dir meine Wenigkeit, heute ein Ohr leihen würde. Jedoch ist dieser Tag, ein Tag des Glücks und man hat mich gebeten einer Feier beizuwohnen. Somit, morgen soll es mir recht sein. Zur gleichen Stunde dann, kehre zurück in dieses Haus. *(Klopft Hans auf die Schulter und will gehen.)*

HANS. Pater, ich bitte Euch. Ich flehe Sie an. Verwehrt mir nicht diese eine Gunst. *(Der Priester bleibt stehen, dreht sich erneut um.)* Morgen ist es vielleicht zu spät.

PRIESTER. Das Gewicht, das auf Euch lastet, muss von wahrhaft gewaltigem Ausmaße sein. *(Zu sich selbst.)* Sehr bedenklich. Wirklich sehr bedenklich. *(Kurzes Schweigen.)* Ihr müsst versuchen auf Gott zu vertrauen. Nur Gott allein besitzt die Macht Euch zu retten. *(Hans wirft ihm einen verzweifelten Blick entgegen; wieder kurzes Schweigen.)* Komm morgen wieder. *(Will wiederum gehen; gedankenvoll; wendet sich wieder Hans zu).* Ihr scheint Euch ernsthaft dazu entschlossen zu haben, wie es aussieht.

HANS. Endlich versteht Ihr mich. *(Der Priester setzt sich neben Hans. Hans steht auf und geht vor dem Altar hin und her.)* Zwei Jahre ist es her, da mein Vater starb. Eine grässliche Krankheit raffte ihn dahin. Kein Arzt wusste genau, was ihm fehlte. Monatelang pflegte ihn meine Mutter. Sorgte sich behutsam um eine Genesung – vergebens, alles vergebens. Nachdem er schließlich über Schmerzen in der Brust klagte, verschied er.

PRIESTER. Ein bedauernswertes Ereignis mit Sicherheit.

(Die Beschießung hört auf.)

PRIESTER *(erleichtert über die Waffenruhe; Hans ignorierend; zu sich selbst)*. Endlich. Angenehm ist diese Stille. Reinigt sie doch das Durcheinander. *(Hans blickt in fragend an.)* Aber fahre fort, mein Sohn.

HANS. Sie will der Einsamkeit entgehen.

PRIESTER. Auch andre Frauen heiraten das zweite Mal. Was ist so abwegig daran?

HANS. Ja, erkennen Sie das nicht, Pater? Dieses unsäglich Scheußliche. Diese zuwider der Kirche stattfindende Prozession?

PRIESTER. Nein.

HANS. Ich bekam einen neuen Vater. *(Lächelt; kurze Pause.)* Was aber in Jesu Namen soll ich mit einem neuen Vater? Der mich obendrein, nicht einmal versteht. Mich ständig schlägt und auf das Übelste beschimpft?

PRIESTER. Natürlich ist das eine traurige Geschichte. Doch für einen Mann der in eine neue Familie einheiratet, ist es oft nicht leicht mit den ihm dargebotenen Gewohnheiten anfänglich zu recht zukommen. Meist dauert es viele Jahre, viele lange Jahre, ehe eine allseits geschätzte Harmonie einkehrt.

HANS. Ihr meint, ich hätte mir das gefallen lassen sollen?

PRIESTER. Einst sprach schon Jesus. Wenn dich jemand schlägt, so halte ihm auch die andere Wange hin. Das Gebot verbietet es dir, dich zu wehren. Es verurteilt eindeutig, jede Form von Gewalt. Denn wie heißt es passend dazu: Wer mit dem Schwert richtet, wird selbst durch das Schwert gerichtet werden.

HANS. Nein, Pater. Sie täuschen sich. Diesmal nicht. Zu vieles musste ich erdulden, um heute als Mensch unter Menschen leben zu können. Und eben deswegen sage ich, dass eine Frau, eine Witwe wenngleich, wie meine Mutter eine war, gepriesen sei sie, niemals wieder heiraten darf, egal was auch passiert. Ohne wenn und aber. Das ein Sohn sich zur Wehr setzen darf gegen seinen Stiefvater, der nie sein Leiblicher war und ist. Regellos und radikal.

PRIESTER. Das heißt, Sie wollen den Frauen ihr Anrecht auf Liebe entziehen? Wenn nötig, mit Gewalt? Indem Sie die Stiefväter zusammenschlagen?

HANS. Wenn es die Lage erfordert, ja.

PRIESTER. Lang und stumpf ist der Speer, den deine Worte mir ins Herz treiben. Ist denn dein Hass so groß?

HANS. Ja, Constanze hätte niemals wieder heiraten dürfen. Nicht vor Gott und der Kirche. Nicht um des Preises Willen, ein Mensch zu sein. Sie, als Vertreter einer gläubigen Ordonanz, hätten es verhindern müssen. Mozart war immer mein Idol, mein Vorbild, meine Ikone. Und jetzt? Im Schmutze nun wälzt sich sein Andenken.

PRIESTER. Ihr seht das zu eng. Denn immer noch liebt sie ihn. Mozart hat auch weiterhin einen festen Platz in ihrem Herzen, seid Euch dessen im Klaren. Doch hat Constanze die Zuversicht auf einen gesicherten Platz im Leben, mit dem Tod des Wunderkinds verbürgt? Ist es ihr nicht mehr gestattet, einen geruhsamen Einstand, zusammen mit ihren Kindern, in der Obhut eines neuen Mannes zu führen? Ich frage Euch, mein Herr, denkt Ihr das? Denkt Ihr das tatsächlich?

HANS. Ja, Pater. Eben so ist meine Meinung. Denn Mozarts Ruhm verblasst schnell, beinah zu schnell, inmitten neuer Festlichkeit.

PRIESTER. Nein, nein, mein Sohn. Ihr verstrickt Euch hier in Dinge, einem abgrundtiefen Sog voller Ängste und Nöte, dass es fast unmöglich erscheint, Euch zu helfen. Da ich selbst fürchten müsste mit Euch hinab gezogen zu werden.

HANS. Denkt das nicht, Pater.

PRIESTER. Wie soll ich dann, wenn nicht so? Ihr macht es für mich praktisch aussichtslos. Zu sehr seid ihr in euren Gedanken gefestigt, als dass Ihr Hilfe freiwillig annehmt. Und alles nur wegen einer Hand voll schlechter Erfahrungen?

HANS. Wenn es nur das wäre.

PRIESTER. Glaubt Ihr wirklich, Gott hätte gewollt, dass Constanze Trauer trägt, für den Rest ihres Lebens?

HANS. Ja.

PRIESTER *(schüttelt den Kopf)*. Verzeiht mir, wenn ich Euch in diesem Punkt widersprechen muss. Und bitte, nehmt Vernunft an, bei allen Heiligen im Himmel, gebt Mozart seinen Seelefrieden zurück. Lasst den Riesen ruhen, mein Sohn. Es wäre schändlich, weiter Salz in die Wunde zu streuen. Schändlich und unwürdig.

HANS. Ich habe keine Würde mehr.

PRIESTER. Jeder Mensch ist etwas Besonderes.

HANS. Ich in keinster Weise.

PRIESTER. Gerade Ihr. *(Seufzt.)* Um Euer Selbstwillen, werde ich Euch jetzt alleine lassen, damit Ihr im Gebet die Antwort findet, die Ihr sucht. *(Steht auf.)*

HANS *(überrascht)*. Aber wo geht Ihr hin?

PRIESTER. Meinen Pflichten, als oberster Hirte

dieser Gemeinde nachkommen und dem
Brautpaar meine Aufwartung machen.

HANS *(klammert sich ans Bein des Priesters; laut.)*
Nicht doch Pater, das dürft Ihr nicht.

PRIESTER *(will sich befreien)*. Lasst mich los. Euer
Verhalten ist kindlich. *(Löst sich aus der Um-
klammerung; geht ab.)*

HANS *(streckt die Arme nach ihm; betroffen; trau-
rig)*. NEIN! Bleibt hier Pater. Ich befehle es
Euch. *(Wirft sich vor den Altar; reuig.)* O
Herr. Sieh den Frevel, den man gegen dich
hegt. Wir beide wissen, dass ich kein Lügner
bin. Mozart war stets mein Vorbild. In ihm
vermochte der Himmel seine unendliche
Reinheit zu verkörpern. Desto mehr bin ich
sicher, dass Constanzes Heirat, seinem Ruhme
schadet. Eine Gefahr, die ich nicht dulden
kann, jeder Ratlosigkeit zum Trotz. Ich kann
ihn nicht dem Spott des einfachen Gesindels
überlassen, das seiner Größe kaum zu schätzen
weiß. Lieber will ich sterben, als dass Mozart
in Vergessenheit gerät. O Herr, führe mich auf
den richtigen Weg. Geleite mich das Richtige
zu tun. Denn dein ist die Kraft und die
Herrlichkeit. Ja, o Herr, dein Wille geschehe.
In der Weite der Ewigkeit will ich dir

begegnen, als dein untertänigster, aller Diener. Dein getreuester unter den Getreuen. Sichtlich verkannt und namenlos. O Herr, sieh mich knien im Staub vor dir. Beachte meiner, wenn der jüngste Tag, das jüngste Gericht angebrochen ist. *(Kurze Stille; in Demutshaltung verweilend; gedämpftes Licht.)*

VIERTE SZENE

Stimme HADES / PERSEPHONE.

STIMME HADES. Wenn betet er da an?

STIMME PERSEPHONE. Dich scheinbar nicht.

STIMME HADES. Und das nennst du würdig?

STIMME PERSEPHONE. Vieles kann man ihnen abgewöhnen. Trotzdem, so manche Unsitte blieb.

STIMME HADES *(glaubt ihr nicht)*. Alles nur eine Sache des Durchsetzungsvermögens. Du bist zu nachsichtig. Zu leicht zufrieden zu stellen.

STIMME PERSEPHONE. Findest du?

STIMME HADES *(streng)*. Finde ich.

STIMME PERSEPHONE. Seltsam, ich dachte, ich hätte alles nur menschenerdenkliche unternommen.

STIMME HADES. Eben nur unternommen und nicht getan, meine Liebe.

STIMME PERSEPHONE. Das stimmt nicht.

STIMME HADES *(gleichgültig)*. Sind wir dann fertig?

STIMME PERSEPHONE *(beruhigend)*. Geduld. Noch ein klein wenig Geduld. Gleich wird sich herausstellen, dass ich recht habe.

STIMME HADES. Ich hoffe es.

STIMME PERSEPHONE. Sieh selbst.

(Aufblende. Hinter Hans erwächst der Schatten eines Fremden.)

FÜNFTE SZENE

Stimme FREMDER.. HANS.

STIMME FREMDER. Kummer?

HANS *(blickt erschrocken auf; zerstreut)*. Wie? Was? Wer ist da? *(Dreht sich um; erkennt den Schatten.)*

STIMME FREMDER. Ist das so wichtig?

HANS *(wendet sich wieder dem Altar zu; gedanken-voll)*. Nein.

STIMME FREMDER. Und doch kennt Ihr mich.

HANS *(verwundert)*. Ich Euch kennen?

STIMME FREMDER. In der Tat – Hans Hofmair.

HANS *(wieder zum Schatten)*. Ihr …

STIMME FREMDER. Ja?

HANS *(erhebt sich, leicht ergriffen, will auf den Schatten zugehen, der ihm ausweicht)*. Sagt, wer Ihr seid, mein Herr. Legt Eure Maskerade nieder. Oder habt Ihr etwas zu verbergen? Etwas, das niemand wissen darf, weil es dem Mysterium eines dunklen Vermächtnisses nützlich ist. Es macht mich wahnsinnig, dumm zu sterben.

STIMME FREMDER. Das Ihr mich kennt, muss Euch genügen.

HANS. Genügen? *(Fassungslos.)* Ihr beliebt zu
scherzen, mein Herr. Von jeher bin ich ein
neugieriger Mensch gewesen, dem
Verborgenen pausenlos auf der Spur.
Antworten zu horten, galt mir als Aufgabe. Ja,
man könnte mich glatt für ein halbes
Waschweib halten. *(Lächelt.)* Schon gut. Ich
werde schweigen wie ein Grab, wenn Ihr es
wünscht.

STIMME FREMDER. Ja, das wünsche ich.

HANS *(hält es nicht aus).* Nur noch eines, werter
Herr. Bevor ich stumm, Euren Worten
lausche. Welchem Anlass geht dieser, für
mich doch überraschende Besuch, voraus?
Sollte mir hinsichtlich dieses Auftretens eine
Kleinigkeit entgangen sein?

(Der Fremde schweigt.)

HANS. Werter Herr? Sind Sie noch da?

STIMME FREMDER. Mord, Hans. Schlicht und
ergreifend Mord.

(Hans zuckt erschrocken zusammen.)

HANS. Mord? Sagtet ihr …?

STIMME FREMDER. Mord, in der Tat. Man hat mich getötet. Vergiftet, um meines Schaffens wegen.

HANS *(weicht auf eine Bank zurück; besinnlich zu sich selbst)*. Gift?

STIMME FREMDER. Jeden Tag wurde mein Handeln schwerer. Fühlte ich, wie meine Kräfte schwanden. Sie langsam meinen Körper entzogen wurden, bis ich nur noch ein jämmerliches, bemitleidenswertes Wesen, blas und kränklich, ein Hauch von Nichts, zu sein schien. Endlich in der dunkelsten Stunde meines Leidens, als sich bereits mein Verstand in den Nebeln der Unwissenheit verlor, hatte das Göttliche Erbarmen mit mir. Ich starb.

HANS. Das tut mir leid.

STIMME FREMDER. O das muss es nicht, Hans. Deswegen bin ich ja hier. Ich habe einen Auftrag für Euch. Eine Art Wiedergutmachung, wie Ihr es bestimmt schon ahnen könnt.

HANS. Ich ahne nur Böses.

STIMME FREMDER. Kaum halb so böse, als dass Ihr es nicht für mich erledigen könntet.

HANS. Ich verstehe. *(Wendet sich kurz ab; dann plötzlich wieder direkter Blick in Richtung Schatten.)* War ich denn so ungerecht zu Euch, dass ich derlei Bestrafung verdiene – Vater?

STIMME FREMDER. Angst? *(Hans nickt.)* Nicht doch. Ihr beschämt mich.

HANS. Dem ist aber so. Nur selten wird jemand so unmittelbar vor die Wahl gestellt, sich selbst zu richten, um sein Gesicht zu wahren.

STIMME FREMDER *(wütend)*. Redet nicht soviel unnützes Zeug. Mein Auftrag an Euch ist klar und unmissverständlich und zielt keinesfalls gegen Euch, gegen Euer Leben. Denn mein Zorn gilt anderen. Von meiner Seite her habt Ihr nichts zu befürchten, sofern Ihr Euch an die Anweisungen haltet. Ist das soweit einleuchtend?

HANS. Anderen?

STIMME FREMDER. Ja, andere. *(Hans kennt sich noch immer nicht aus; kurze Pause.)* Personen, Hans, andere Personen.

HANS *(versteht erst nachträglich die Worte des Fremden).* Aber natürlich, die anderen. *(Atmet erleichtert auf; wischt sich mit einem Tuch aus seiner Jackentasche über die Stirn.)* Wer sonst. *(Grinst.)*

STIMME FREMDER. Eben.

HANS. Wie lautet daher Euer Auftrag?

STIMME FREMDER. Nun. Eigentlich ist es ganz einfach. Für einen Mann Eurer Stärke keine Unmöglichkeit. Vielmehr simpel, wie ich finde. *(Kurze Pause; befehlsartiger Ton.)* Beseitigt mein Weib und nehmt Rache für den Tod, welchen ich leidvoll hinnehmen musste. Das ist alles, worum ich Euch bitte. Werdet Ihr es ausführen?

HANS. Sagtet Ihr beseitigen im Sinne von Töten?

STIMME FREMDER. Ja, so sagte ich. Werdet Ihr es tun?

HANS *(ergriffen).* Aber das könnt Ihr nicht von mir verlangen.

STIMME FREMDER. Warum nicht?

HANS. Herr, ich bin nur ein bescheidener

Schreiberling, der im Kampfe oder was den
Umgang mit Waffen betrifft, über keinerlei
Erfahrung verfügt.

STIMME FREMDER. Doch, doch, Ihr schafft es.

HANS. Was macht Euch so sicher?

STIMME FREMDER. Es sind immer die kleinen
Leute, die Armen, teils bedeutungslosen
Menschlein, die Masse, die für
Veränderungen steht.

HANS. Demnach bin ich einer dieser gemeinen
Männer?

STIMME FREMDER. Der Gemeinste von Allen.

HANS. Herzlichkeit zählt nicht gerade zu Eurer
Stärke, oder?

STIMME FREMDER. Wer?

HANS. Na, Euer Weib? Wie ist Ihr Name?

STIMME FREMDER. Constanze.

HANS. Ah, Constanze. Die Standhafte, die
Beständige also. Wie treffend.

STIMME FREMDER. Mozart.

HANS *(irritiert).* Mozart? Was führt Ihr nun wieder im Schilde, o mein großer unbekannter Freund? Ist es vielleicht Eurer Betrachtungsweise entgangen, dass Meister Mozart bereits neunzehn Jahre tot ist?

STIMME FREMDER. Constanze Mozart.

HANS. Ja, so hieß seine Frau, die kürzlich, präzise, vor wenigen Augenblicken, erneut den Weg der Ehe beschritt, gewiss. Was habt Ihr vor? *(Blick zum Schatten.)* Ich werde nicht schlau aus Euch. Dauernd diese Namen. Constanze … Mozart. Erklärt mir das?

STIMME FREMDER. Es ist längst alles geklärt.

HANS. Das behauptet Ihr. *(Steht auf; entfernt sich etwas vom Schatten; grüblerisch.)*

STIMME FREMDER. Fügt zusammen, was zusammengehört und Ihr habt eure Lösung.

HANS *(zu sich selbst.)* Zusammen, zusammen. *(Verschränkt die Arme; legt sich den Finger auf den Mund.)* Das einzige, das hier pässlich erscheint, wenn überhaupt, sind die Namen von Constanze und Mozart. Doch welche stumpfsinnige Lösung soll das sein?

STIMME FREMDER. Erinnert Euch an den Auftrag.

HANS. Ja, Euer Auftrag. Ihr erwähntet das Wort Rache, soweit so gut. Das meucheln einer Frau, Eurer Frau. Doch Mozarts Weib? *(Betroffen zum Schatten; kurze Pause.)*

STIMME FREMDER. Nicht sein Weib, Hans. Mein Weib.

HANS *(geht ein Licht auf)*. Nein. Constanze hat zwar zuwider ihres verstorbenen Ehemanns gehandelt. Trotzdem dürfte es kaum in meiner Hand liegen, darüber zu richten. Auch wenn ich ihr Treiben verachtenswert finde.

STIMME FREMDER. Und unsere Vereinbarung? Werdet Ihr wortbrüchig?

HANS. Hätte jemals eine freundschaftliche Bande zwischen uns bestanden, hätte sie spätestens jetzt aufgehört zu existieren. Freunde fordern einander nicht solcherlei Dinge ab. Freunde sind für einander da. Freunde helfen einander, wenn es Schlag auf Schlag geht. Wenn schlechte Zeiten es fordern. Zudem brachte Mord noch nie den gewünschten Vorteil.

STIMME FREMDER. So, meint Ihr das?

HANS. In der Tat. Die kühne Beseitigung eines zweifelhaften Problems. *(Grinst verständnislos.)* Auch im Falle Ihrer Frau. *(Stockt plötzlich der Atem; mit großen Augen.)* Ihrer Frau? Constanze ist Ihre Frau? Wer in Gottes Namen sind Sie?

STIMME FREMDER. Ja, Constanze ist mein Weib. Soweit waren wir schon.

HANS. Angesichts dieser Umstände ist es mein gutes Recht gewisse Erkundigungen einzuziehen. Also?

STIMME FREMDER. Schön, wenn es weiter nichts ist. *(Kurze Pause.)* Sagen wir, ich bin euer Idol, welches Ihr von Herzen vergöttert und gleich einem Halbgott preiset.

HANS. Schiller?

STIMME FREMDER *(lächelt).* Danke für das Kompliment. Ich fühle mich geschmeichelt. Jedoch befindet Ihr Euch auf dem Holzweg. Strengt Euch an, Hans. Denkt nach.

HANS *(überlegt kurz; geht wieder nervös hin und her; seine Hände sind am Rücken verschränkt; dann plötzlich, mit glückselig erhobenen Zeigefinger.)* Heureka. Nur noch eine Person gibt es, die ich mehr liebe, abgöttisch verehre und hochleben lasse. So sehr, dass ich ihr mein Leben, meine Seele opfern würde, stände sie hier vor mir mit diesem Begehr. Ungeachtet der Konsequenzen. Möge mich der Himmel auch verdammen. Kein Geringerer als diese eine Person ist es, die mir Mentor und Vorbild ist, von Kindesbeinen an. *(Kurze Pause.)* Ja, so sei es.

STIMME FREMDER. Und ihr Pseudonym?

HANS. Kein Pseudonym. Der Name dieses Mannes lautet Mozart. *(Kurze Pause; verwundert.)* Seid Ihr Mozart?

STIMME FREMDER. Gratulation, Hans, Gratulation. Hat die Welt je ein besseres Gespür gesehen?

HANS. Ja aber … Ihr seid tot. Neunzehn lange Jahre – tot. Zu Staub zerfallen in einem Massengrab. Wie ist das fassbar?

STIMME FREMDER *(spekulierend)*. Ein Wunder?

HANS *(leichtgläubig; wie von Sinnen)*. Ja, so wird es
sein. Ein Wunder. *(Wirft sich unterwürfig vor
den Schatten.)* O Meister, wie sehr hab ich
Eure Gegenwart gesucht. Endlich, endlich
wurden meine Gebete erhört. *(Wird stutzig.)*
Obgleich, … Eine Gegebenheit dieser Art
wäre entgegen aller Schöpfungsberichte. So
fulminant, mächtig und großartig, dass sie
allen brav gläubigen Christen ein Dorn im
Auge wäre, zumal es die Runde macht. Die
Kirche würde jeden Anspruch auf
Ernsthaftigkeit verlieren, in ihren Grundfesten
erschüttert werden, würde dieses Geschehen
bekannt. Sämtliche Bücher müssten zudem
neu verfasst, dem neuen Sinne angepasst
werden. *(Kann es irgendwie nicht fassen; zö-
gernd.)* Seid Ihr es wirklich – Meister? Wie
gern würde ich es glauben.

STIMME FREMDER. Dann glaubt es.

HANS *(steht auf)*. Ihr redet Euch leicht, werter Herr.
Und habt mir dennoch keinen sichtbaren
Beweis für Eure Behauptungen geliefert.

STIMME FREMDER. Euch strebt nach Beweisen?

HANS. Ja. Handfeste.

STIMME FREMDER *(kurze Pause)*. Einverstanden.

(Die Innenwände der Kirche färben sich rot. Darauf schattiert sehen wir gespielte Szenen vor Kupferstichen, welche Mozarts wichtigste Lebensstationen wiedergeben. Dazu Musik. Gebannt beobachtet Hans das Treiben um ihn herum.)

STIMME FREMDER. Ist das Beweis genug? *(Hörbar zu sich selbst.)* Tatsächlich ist er intelligenter, als es zuerst den Anschein machte.

HANS *(glaubt etwas gehört zu haben)*. Wie war das?

STIMME FREMDER *(leicht überrascht)*. Äh, ja. Reicht Euch das? Wurden Eure Erwartungen nun angemessen erfüllt?

HANS *(nickt verdutzt)*. Ja, aber …

STIMME FREMDER *(fährt Hans ins Wort)*. Nichts aber. Ein Irrtum ohne nennenswerte Bedeutung. Schlichtweg ein Missverständnis. Vergesst es.

HANS. Ah, ein Missverständnis. *(Grinst.)* Nennen wir es so.

STIMME FREMDER. Findet Ihr das komisch?

HANS *(weiter grinsend)*. Diesmal seid Ihr derjenige,
der Schwäche zeigt.

STIMME FREMDER. Und deswegen lacht Ihr?

HANS *(noch immer grinsend; dann plötzlich, schlag-
artig wieder ernst)*. Nein. *(Verlegen.)* Es war
taktlos von mir, zugegeben. Bewertet es nicht
zu streng, Herr. *(Kurze Pause; nervös.)* Wie
soll ich sagen. Es sind meine schlechten
Manieren. Ich wollte Euch nicht beleidigen
oder absichtlich in Verlegenheit bringen.
Bestimmt nicht. *(Leichte Verneigung)*

STIMME FREMDER. Kein Grund zur Beunruhigung
mein Freund. Es ist gut. *(Etwas leiser.)* Es ist
gut. *(Kurze Pause.)* Nun denn, um das Fass
voll zu machen …

HANS *(redet unkontrolliert dazwischen)*. Ihr seid zu
gütig. Nur ein Genie wie Mozart vermochte
diesen Zauber zu vollbringen. Nur Mozart und
sonst niemand. Habt ihr es somit wieder
erreicht, einen Menschen in Euren Bann zu
ziehen. Jedoch …

STIMME FREMDER. … und den vielleicht noch
kläglich verbliebenen Rest an Argwohn in
euch, auszutreiben, ist es nachhaltig mein
Wunsch, Euch ein Symbol unseres Paktes

anzubieten. Es ist vielleicht das höchste, das heiligste, all meiner übrig gebliebenen Güter. Empor geholt aus den Untiefen der Erde, wo es bisweilen friedlich schlief.

HANS. Lasst ab – Meister. Ich bin dieser Aufgabe nur unzureichend gewachsen. Ich kann es nicht.

STIMME FREMDER. Könnt Ihr oder wollt Ihr nicht?

HANS. Ich kann nicht.

STIMME FREMDER. Wollt Ihr mich beleidigen?

HANS. Nein, durchaus nicht. Ich verehre Euch, Meister. Ich lobe Euch in den höchsten Tönen. Zu jeder Stund ruf ich Euren Namen mit Begeisterung zum Olymp.

STIMME FREMDER *(wieder zu sich selbst)*. Er kennt also auch den Olymp. Das könnte zum Problem werden. Außer …

HANS *(beendet sein Gebet; unterbricht den Fremden)*. Meister? So hört mich an. *(Wendet sich wieder dem Schatten zu.)* Mutmaßt nichts. *(Grüblerisch an der Stirn kratzend; zögernd.)* Ich … Ich … führe es aus. Bei Gott, ich führe es aus.

STIMME FREMDER. Eine kluge Entscheidung.

HANS *(nickt)*. Was bleibt ist ausschließlich das Wie. Wie und womit soll ich Constanze beseitigen?

STIMME FREMDER. O, das überlass ich ganz eurer Einbildungskraft. Wählt die für Euch beste Methode. Doch wählt weise.

HANS *(Verneigt sich leicht; beabsichtigt zu gehen)*. Das werd ich. Ganz bestimmt, das werd ich. Danke.

STIMME FREMDER. Halt!

HANS *(bleibt stehen)*. Meister?

STIMME FREMDER. Normalerweise pflege ich meine Versprechen einzuhalten. Somit … Nehmt dieses, mein Geschenk. *(Klatscht zweimal in die Hände.)* Es gehört Euch. *(Eine kleine Kreatur mit Fratzenmaske erscheint; bedeckt von einem dunklen Kaputzenmantel. Sie hält eine Holzkiste. Hans, von ihrem Anblick erschrocken, weicht langsam zurück, während die Kreatur schnellen Schrittes näher kommt. Hans stößt sich am Altar; er wird eingeholt. Die Kreatur verneigt sich und überreicht ihm die Kiste – dann Abgang.)*

HANS *(irritiert betrachtend).* Ich versteh nicht, eine Holzkiste?

STIMME FREMDER. Öffnet sie. Na, los. Habt keine Furcht.

HANS. Ja, Meister. *(Wirft einen vorsichtigen Blick in die Kiste; erschrickt leicht. Etwas zittrig hebt er einen Totenschädel heraus.)* Euer Schädel. *(Kurze Pause.)* Welch hohe Auszeichnung für einen Namenlosen. *(Gibt den Schädel wieder zurück in die Kiste, verschließt sie; fällt vor dem Schatten auf die Knie.)* O Meister, ich gelobe. Ich gelobe es zu tun. Ja, ich tue es.

(Abblende.)

SECHSTE SZENE

Stimme HADES / PERSEPHONE.

STIMME HADES. Das beweist noch gar nichts. Im Gegenteil. Es entlarvt diesen Hans doch bloß als jenen Schwächling, den ich in ihm prophezeit habe.

STIMME PERSEPHONE. Nein.

STIMME HADES. Glaub mir, ein geschulter Verstand
  erkennt das Stümperhafte. Ob jemand befähigt
  ist für diese Zunft oder nicht. Erbarmungslos.
  Er verfügt über das gewisse Gespür.

STIMME PERSEPHONE. Hans ist der Beste für diese
  Rolle. Niemand außer ihm, wäre je imstande,
  so impulsiv, so ehrlich und aufrichtig zu
  spielen. Gemäß deinen Wünschen für dieses
  Stück.

STIMME HADES. Gib Acht, Persephone. Die
  Begeisterung für den Burschen, blendet dich.

STIMME PERSEPHONE. Aber wo denkst du hin?

STIMME HADES. Meinetwegen. Lass ihn vollenden,
  was er so tapfer begonnen, dein Mensch.
  Darüber richten will ich später.

Das Theater des ersten Akts.

SIEBTE SZENE

*Aufblende. MOZART alias HANS gemeinsam mit
ABT SCHICKMAYR beim gemächlichen Durch-
wandern der Bühne bis zur Mitte hin, wo sie
abrupt innehalten. Der Abt schließt seine
Hände zu einer fürsorglichen Gebetshaltung.
Darauf CONSTANZE II.*

ABT SCHICKMAYR. Sagt, wie ist´ s Euch in den
letzten Jahren gegangen, in denen Ihr uns nicht
beehrtet? Ich hört das Eure Mutter starb?

MOZART *(reißt es aus seinen Gedanken, bedacht)*.
Ja, Herr Prälat. Wir waren gerade in Paris, als
dieses Fieber sie ereilte.

ABT SCHICKMAYR *(bekreuzigt sich)*. Mein tiefstes
Bedauern verkünd ich Euch, Wolferl. Nur zu
gut weiß ich, wie sehr Eure Mutter Ihr geliebt.

MOZART *(wirkt spontan heiter)*. Nun, sie ist tot, so
tot wie ein Fisch ohne Wasser. *(Lacht kurz und
laut. Abt Schickmayr sieht ihn verdutzt an.)*
Wisset Ihr, das der traute Bund der Ehe mich
beglückte?

ABT SCHICKMAYR. Ich dachte´ s mir oder wie sonst
ist´ s zu erklären, dass ihr in so reizender
Begleitung erschienen seid. Jedoch versteh ich
nicht um die Verbindung von Heirat und Tod?
Außer natürlich sie trüge die Schuld des
Ablebens?

MOZART. Herr Prälat, bitte verzeihn Sie mein
Verhalten, seit dem Tod der Mutter ist nichts
mehr so wie´s war. Führt jeder Tag des
Neuen, die Farbe der Trauer mit sich. Trübt
der Schmerz meinen Verstand, mein Wagen.

ABT SCHICKMAYR. Ich versteh. Euer Gefühl ist mir
bewusst. *(Legt seine Hand tröstend auf Mo-*
zarts Schulter.) Schwer ist´s einen Menschen
ziehen zu lassen, der so geschätzt, der so
geliebt. Doch seid euch dessen gewiss, dass sie
nicht die Einzige war, die Gott zu sich rief.
Wie viele mögen es sein jeden Tag, in dieser
Welt. Dutzende, tausende von Menschen.
Lasst Euch dies ein Trost sein, Wolferl.
(Nimmt seine Hand wieder weg.)

MOZART *(nachdenklich, etwas leise)*. Ich bin Vater
geworden, im Sommer. Einen Sohn hat's
kriegt, Raimund Leopold soll er heißen.
(Seufzt.) Wenn ich nur wüsst, ob es überlebt?

ABT SCHICKMAYR *(überrascht und erfreut zugleich)*.
Eine Antwort kann nur Gott allein in seiner
Güt, unendlichweit, dir geben. Doch hab
Vertrauen. Sofern es Gottes Wille ist, wird er
es beschützen. Ist das nicht Grund genug, die
Trauer zu beenden? Denkt an Euer Kind!
Denkt an das Leben, dass Eure Frau gebar.
Aber wollen wir jetzt jeglich Trübsalblasen

beenden, erzählt mir, wie geht´ s dem alten Herrn?

MOZART *(noch irritiert von Abt Schickmayrs Worten)*. Meinem Vater? *(Kurze Pause.)* O ja, mein Vater. Danke, gut geht´ s ihm. Seine körperliche Verfassung könnt kaum besser sein. Er strotzt gradzu vor Gesundung und Kraft.

ABT SCHICKMAYR *(grinsend)*. Und immer noch so redselig vermutlich?

MOZART. Und wie!

(Beide beginnen zu lachen.)

ABT SCHICKMAYR. Freut mich zu hören. Habt Ihr wieder ein neues Stück geschrieben?

MOZART. Nun, vielmehr ist´ s schon fertig. Es erklang bereits vor ein´ gen Tagen, als wir noch in Salzburg weilten. Im Stift St. Peter war´ s, soweit ich mich besinne.

ABT SCHICKMAYR. Und? Hat es gefallen?

MOZART *(freudestrahlend)*. Ja. *(Pause.)* Ja, sehr sogar. Zudem untermalte Constanze dies vorzüglich Spiel noch mit Ihrer wunderbar, zartblütigen Stimme. Ein kaum beschreibbares Ereignis. *(Schwelgerisch mit seinen Händen gestikulierend, besessener Blick zum Himmel.)* Vergleichbar nur mit des Himmels Chor, dem reinsten aller Gesänge. *(Wieder zurück auf den Boden der Tatsachen.)* Ihr hättet dabei sein müssen.

ABT SCHICKMAYR. Wahrlich, das hätt ich.

MOZART. Doch seid Ihr mir noch eine Antwort schuldig, ehrwürdiger Abt.

ABT SCHICKMAYR *(lächelnd)*. So bin ich das?

MOZART. Ja, und ich brenne darauf, sie zu erfahren.

ABT SCHICKMAYR. Sehr gerne, Wolferl, als denn mein Wissen dafür ausreicht.

MOZART. Wie findet Ihr meine Frau?

ABT SCHICKMAYR *(überrascht, nachdenklich)*. Mmmh. Ich bin kein Mann weltlicher Dinge, Wolferl.

MOZART *(neugierig, drängend)*. Sagt mir nur, wie Ihr sie findet!

ABT SCHICKMAYR. Nun, Gott hat hier sicherlich ganze Arbeit geleistet. Ein hübsches Mädchen wie ich finde.

MOZART. Gewiss. Und so wohlgebaut. Besser als manch andere, die Ihre Fettleibigkeit unter zahlreichen Röcken versteckt. *(Abt Schickmayr ist es sichtlich unangenehm über derlei Dinge zu sprechen, er wendet sich etwas ab.)* Obwohl man in ihren Gesichtern ohnehin jegliche Aufblähung erkennt. *(Mozart findet seine Worte amüsant, als er Abt Schickmayrs ablehnende Haltung erkennt, er grinst erneut kurz und laut.)*

ABT SCHICKMAYR. Solch körperliche Eigenheiten entziehen sich meiner Kenntnis. Mein Aufgabenbereich beschränkt sich lediglich auf Gott mit allem, was dazugehört wie eure Musik.

MOZART. Ihr beschämt mich.

(Constanze II kommt plötzlich in den Kreuzgang spaziert.)

CONSTANZE II *(geht auf beide zu)*. Hier steckt ihr also.

MOZART *(blickt zu Constanze II)*. Passend zur

rechten Zeit. *(Nimmt sie an die Hand und führt
sie vor den Abt.)* Herr Prälat, darf ich
vorstellen, mein Eheweib Constance. Jetzt
scheint´ s der beste Augenblick. Das Mahl ist
vorbei, die Bäuche gut genährt.

ABT SCHICKMAYR *(reicht Constanze II seine Hand).*
Sehr erfreut, mein Kind. Verzeiht mein
abwegiges Verhalten zu Beginn. Doch die
Teller schienen heiß, das Mahl bereitet. Der
Hunger war´ s, der uns beseelte.

CONSTANZE II *(nimmt seine Hand und zelebriert
einen Hofknicks).* Aber ganz im Gegenteil,
ehrwürdiger Abt.

ABT SCHICKMAYR *(lässt Constanzes Hand wieder
los).* Ihr Mann hat mir einiges schon über Sie
erzählt.

CONSTANZE II *(blickt überrascht zu Mozart).* Ich
hoffe keine Lügen.

ABT SCHICKMAYR *(beruhigt).* Keine Angst, mein
Kind. In diesem Falle darf ich Sie beruhigen.
Haben wir uns doch gerade über Ihre
wunderbare Stimme unterhalten, wie sehr ...

CONSTANZE II *(unterbricht ihn, überrascht).* Meine
Stimme?

(Abt Schickmayr nickt zustimmend. Constanze gibt Mozart einen kleinen Stoß in die Seite.)

CONSTANZE II *(leise zu Mozart ins Ohr)*. Darüber reden wir noch! *(Sie lächelt Abt Schickmayr an.)*

ABT SCHICKMAYR *(ahnt ihre Worte)*. Glauben Sie mir, es war nichts dabei, was Ihrer Verlegenheit würdig gewesen wäre. Dieses war zu keinem Atemzuge unser Begehr noch unsre Absicht, mein Kind.

(Leises Glockengeläut.)

ABT SCHICKMAYR *(widmet sich wieder Mozart)*. Ich glaube, es ist Zeit, der Gottesdienst beruft uns bei. Auf das wir uns sammeln, im Hause des Herrn.

(Mozart verwundert, nickt bejahend. Constanze II wirkt verwundert, bejaht jedoch ebenfalls. Abt Schickmayr, Mozart und Constanze II gehen los. Mozarts Blicke schweifen in die Ferne, wo etwas Unerwartetes seine Aufmerksamkeit erregt. Er bleibt stehen.)

MOZART *(mit starrem Blick)*. Geht schon vor. Ich bleibe noch ein wenig.

CONSTANZE II *(dreht sich um; geht zu Mozart)*. Was ist mit dir, Wolferl? Hast einen Geist gesehen? *(Schaut gleichfalls in die Ferne, erkennt jedoch nichts.)*

(Der Abt verlässt die Bühne.)

MOZART *(noch immer erstarrt)*. Es ist nichts. *(Winkt ab.)* Geht, gleich bin ich bei euch.

CONSTANZE II *(verwirrt)*. Aber ...

MOZART *(verärgert zu Constanze II)*. Ich sagte, GEHT!!!

(Constanze II entfernt sich einige Schritte, zückt unbemerkt ein Messer und macht kehrt. Aus dem Hintergrund ertönt MOZARTS / OPUS DEI.)

CONSTANZE II *(mit verändertem Charakter; geht langsam auf Hans zu)*. Wohin soll ich denn gehen? Du schickst mich weg? Tatsächlich? Deine eigene Frau? Das ist aber nicht sehr freundlich von dir. Dabei hatten wir beide einmal so viel Freude zusammen, Wolferl.

(Mozart nimmt seine Umgebung wieder wahr und erkennt Constanze II mit dem Messer.)

MOZART *(erschrocken)*. Ein ...?

CONSTANZE II. Es wird dir gefallen, Wolferl. Mir wird es gefallen. Ich werde wieder leben. So wie früher. Ich werde Männer an Land ziehen, etliche. Die mich lieben, mich wirklich begehren. Von Herzen begehren. Nicht wie du, der mich laufend betrügt und jedem Rock hinterherläuft, wie ein hitziger Hund. War ich dir nicht mehr gut genug? *(Kommt Mozart immer näher. Dieser weicht zurück. Constanze Mozart leicht nervös; blickt um sich.)*

MOZART. Warte, Stanzerl. Du begehst eine Dummheit.

CONSTANZE II *(besessen)*. Aber sicher doch. Ist nicht jeder Mensch auf seine Weise dumm? Du großer Komponist. Du Genie. Du Ikone einer ganzen Generation. Wo ist den plötzlich dein Hochmut geblieben? Sind dir etwa die Ideen ausgegangen, du großer Meistro? Du kannst ja ein Requiem schreiben. *(Grinst.)*

(Mozart erreicht, rücklings, den äußeren Rand der Bühne.)

MOZART. Constanze, so …

(Hinter Mozart taucht überraschend ein Ar-
lecchino auf. Er ist bewaffnet mit einer Pistole,
mit welcher er Mozart alias Hans ohne zu zö-
gern in den Rücken schießt und flüchtet. Hans
sinkt schwer getroffen zu Boden. Constanze II
entsetzt aufschreiend; lässt das Messer fallen.
Auch das Publikum reagiert bestürzt; schnellt
schockiert hoch; Angst ergriffen. Dann – lau-
tes Gemurmel. Das Licht fällt abrupt auf Ha-
des und Persephone, die sich ebenfalls von ih-
ren Plätzen erhoben haben.)

ACHTE SZENE

HADES. PERSEPHONE.

HADES *(spielt den Zornigen)*. Gehört dieses etwa
auch dazu?

PERSEPHONE. Ich bin darüber genauso erschüttert
wie du. Ich begreife das nicht.

HADES. Hältst du mich vielleicht zum Narren?

PERSEPHONE *(ergriffen)*. Es tut mir leid. Es tut mir
leid. Dies Ende war nicht vorgesehen.

HADES. Allerdings. *(Persephone will Hades´ Hand*
nehmen. Er blockt jedoch beleidigt ab.) Dafür
ist es jetzt zu spät. Du hast mich enttäuscht,

Persephone. Maßlos enttäuscht. Mir meinen Geburtstag vergrault. Und zu allem Überfluss auch noch um das Geschenk gebracht, um das ich dich bat.

PERSEPHONE. Dieses wagte ich nie.

HADES. Du Heuchlerin. *(Persephone weicht bestürzt zurück.)* Meine eigene Frau.

PERSEPHONE *(wirft sich vor ihn hin)*. Ich werde es wieder gutmachen. Das verspreche ich.

HADES *(abfällig)*. Gutmachen?

Vorhang.

DRITTER AKT

Schlafgemach von Hans; ein Bett, ein Nacht-
kästchen. Dahinter eine Reihe leerer Stühle
Ein Kupferstich von Mozart dient als Hinter-
grund. Es herrscht eine neblige Dunkelheit.

ERSTE SZENE

Stimme ERZÄHLER.

> Der Erfolg gab ihm recht,
> Hades,
> kaum allzuschlecht,
> hatte Persephone nun in der Hand,
> zerrissen schien der Ehe Band –
> der Liebe.
>
> Hans dagegen schmerzverzerrt,
> schwer verletzt im Blute liegend,
> von bösen Geistern frech gehetzt,
> im Lichte fremder Mächte biegend.

(Jemand kriecht, röchelnd über die Bühne.
Dann Aufblende. Wir erkennen Hans, schwer
verletzt. Er hält sich den Rücken; schleppt sich
zur Seite hin in Richtung Bett.)

> Mit letzter Kraft,
> des Kämpfens schwach,

er sein Schlafgemach erreicht –
Doch was kommt dann?

Sind wir denn schon drauf und dran,
gar dem Ende zu begegnen?

(Plötzlich – Mozarts Bild wird durch herab-
rinnendes Blut rötlich gefärbt; die Szene, an-
schließend, ebenfalls von Rotlicht durchflutet.)

ZWEITE SZENE

HANS; seine Stimme aus dem Off.

STIMME VON HANS. O Vater, du mein Gott, sag, dass
es nicht wahr ist. Nicht wahr sein kann. Das
ich alles nur träume und mein Traum nun
endet. Zu enden gedenkt, sprunghaft und
schmissig. Groß ist die Wunde. Zu klaffend
der Stich in seiner dunkelrot getränkten Quelle
eines ergiebigen Flusses voller Blut, als das
ich, schwach von Geburt, noch länger
verharren, durchhalten könnte. O Vater,
beteure mir seine Unschuld. Gestehe nicht,
dass er es war der mich verraten. Mein bester
Freund, mein Bruder. Gebrochen hat er mir
das Wort, welches kredenzt auf dem
Silbertablett. Doch haltet ein. Haltet ein, meine
Gedanken. Nicht voreilig will ich ihn
verdammen, ohne es mit Bestimmtheit zu

wissen. Darf ich es wagen? Zweifelsfrei und
ganz allein? Lange schon kenne ich ihn,
jedoch Misstrauen hegte ich nie. Wäre er denn
tatsächlich in der Lage dazu? Lose mit der
Klinge, fast spielerisch, drauf einzustechen?
Mein Atem gleicht dem Hauch des Winters.
Jemand legt mir einen Namen auf die Zunge.
Das Gefühl befähigt mich im Vertrauen, zu
nennen jenes Mörders Hand. Ihn zu enthüllen,
diesen Lump.

*(An den Wänden, um Hans herum, beziehen
vier Schatten zeitgleich mit vier Gestalten in
Mönchskutten, seitlich hereintretend, schlei-
chend Position. Begleitet von dramatischer
Musik marschieren die Gestalten, nebelumwo-
gen, synchron, bis unmittelbar vor das Bett,
wo sie stehen bleiben; regungslos; mit Blick
auf Hans.)*

DRITTE SZENE

VIER SCHATTEN. HANS. VIER GESTALTEN.

ERSTER SCHATTEN. Grandios.

ZWEITER SCHATTEN. Grandios? Ihr findet dies
    grandios?

VIERTER SCHATTEN. Sterbende denken zu viel. Können nicht lassen von dem, was war noch sein wird. Und manchmal sind sie auch ein klein bisschen eigenwillig, nicht? Wer könnt´ s ihnen verübeln? So nah am Tod.

ERSTER SCHATTEN. Er leidet.

ZWEITER SCHATTEN. Zu Recht.

VIERTER SCHATTEN. Findet Ihr?

ERSTER SCHATTEN. Finde ich.

ZWEITER SCHATTEN. Er hat seinen Auftrag nicht erfüllt.

VIERTER SCHATTEN. Mit einem Dolch im Rücken?

ERSTER SCHATTEN. Selbst tausend Dolche bilden lang noch keine Hürde …

ZWEITER SCHATTEN. … unüberwindbar im Erklimmen.

VIERTER SCHATTEN. Nein, nur einer.

ERSTER SCHATTEN. Ist es Mitgefühl?

VIERTER SCHATTEN. Trauer.

ZWEITER SCHATTEN. Trauer, so?

VIERTER SCHATTEN. Zu beklagen ist´ s.

ERSTER SCHATTEN. O armer Schelm.

ZWEITER SCHATTEN. Vielmehr närrisch würd ich sagen.

VIERTER SCHATTEN. Nicht doch närrisch.

ERSTER SCHATTEN. Engstirnig, ja?

VIERTER SCHATTEN. Ihr provoziert mich.

ERSTER SCHATTEN. Aber nein.

ZWEITER SCHATTEN. Niemals nie, als denn Ihr uns.

VIERTER SCHATTEN. Ich Euch?

ERSTER SCHATTEN. Gewiss.

VIERTER SCHATTEN. Seht, so ehrenhaft ist dieser Mann.

DRITTER SCHATTEN. Nicht ehrenhafter als Titus.

ZWEITER SCHATTEN *(gibt ihm Recht)*. Wie Titus.

ERSTER SCHATTEN. Als er seines Freundes Verrat
verzieh. Und Sextus das Leben schenkte.

DRITTER SCHATTEN. Ich glaube eher, es war
Leichtsinn. Zum Guten keinesfalls gewendet.

VIERTER SCHATTEN. Nicht so voreilig. Der Beweis
für seine Unschuld ist erbracht. Nun soll der
Rest der heil' gen Schar ihr Urteil fällen.

ERSTER SCHATTEN. Sind denn die Kinder des
Kronos kräftig genug auch künftig ihren Mann
zu stehen?

VIERTER SCHATTEN. Hans hat beispiellos gehandelt.
Richtig reagiert. Kein Gerede von Verrat. Gar
fürstlich sollt man ihn belohnen - für seine
Treu.

DRITTER SCHATTEN. Wo will er´ s ausgeben, wenn
er stirbt?

VIERTER SCHATTEN. So muss Hades Hand ihn eben
heilen. Bekam er doch mehr, als er gedachte
zu bekommen. Persephones unterwürfigsten
Kummer. Leicht noch leichter, griffbereit
serviert. Reicht das nicht?

ZWEITER SCHATTEN *(fällt etwas ein)*. Der Graf.

VIERTER SCHATTEN. Graf?

ZWEITER SCHATTEN. Graf Almaviva, der Susanna, meine Anvertraute, meine Liebe mir zu stehlen gedacht. Einfordernd die erste und einzige Nacht.

VIERTER SCHATTEN. Was ist mit ihm?

ZWEITER SCHATTEN. Auch wollte er statt des Fingers gleich die ganze Hand und verlor letztendlich. Wusst ich´ s doch geschickt zu mindern die Gefahr.

VIERTER SCHATTEN. Demnach teilst du meine Meinung?

ZWEITER SCHATTEN. In gewisser Weise.

VIERTER SCHATTEN. Dank dir, mein Freund.

ERSTER SCHATTEN. Ihr sprecht von Frauen und verkennt dies ist ein Mann.

(Schatten Zwei, Drei und Vier lachen.)

VIERTER SCHATTEN *(lachend)*. In anatomischen Dingen gehört ihr ohne Frage zu den Besten, werter Herr.

ERSTER SCHATTEN. In der Tat. Zwar will ich nicht prahlen, jedoch steigerte meine Lust, meine Neigung bisweilen die Zahlen, wie hieß es erst kürzlich, zweittausend sollen es sein?

VIERTER SCHATTEN. Zweitausend?

ERSTER SCHATTEN. Auf den Punkt, bei meinem Barte.

VIERTER SCHATTEN. Unglaublich.

ERSTER SCHATTEN. Wundert´ s euch? Du als Kaiser, der du warst, hättest es befehlen können. Schlichtweg mit einem Fingerzeig gar nur. Zerschmolzen wär all das Feminine. Hätt sich gefügt, dir hingegeben, du göttlich Erhabener. Des Volkes von Rom höchstes Oberhaupt. Was hielt dich zu nehmen, was dir gebührt? Du, von Edlem entstammend.

VIERTER SCHATTEN. Meine Liebe gehört Sevilia.

ERSTER SCHATTEN. Die dich schmähte für Sextus, deinen Freund, nicht wahr?

VIERTER SCHATTEN. Du scheinst gut informiert.

ERSTER SCHATTEN. Nun, Liebe allein ist nicht alles.
Sie macht gelegentlich blind, das mag sein.
Trotzdem litt mein Scharfsinn kaum darunter.
Manchmal schon musst ich zur Flucht
ansetzen. Mich in Sicherheit begeben, vor der
Ehemänner Groll. Augenlos - mein sicherer
Fall.

VIERTER SCHATTEN. Auch andre Mütter haben
schöne Töchter. Warum nicht eine
Unvermählte?

ERSTER SCHATTEN. Nein, zu keusch. Zu brav. Zu
lieb. Ist es das Wilde denn, das den Ausschlag
gibt, dass ich bevorzug in eifriger Manier.

VIERTER SCHATTEN. Also geht´ s euch um
Erfahrung?

ERSTER SCHATTEN. Erfahrung schadete noch nie.
Vor allem nicht der Liebe wegen, mein edler
Kaiser.

VIERTER SCHATTEN. Bei Eros, welch ein Mann.
Respekt. Männer deines Schlags sind dünn
gesät. *(Kurze Pause. Wird plötzlich auf etwas
aufmerksam.)* O, ein schöner Bart, wie ich
bemerke. Ist das die Mode deiner Zeit?

ERSTER SCHATTEN. Ja.

ZWEITER SCHATTEN. Bitte meine Herren, Sie wünschen?

VIERTER SCHATTEN *(scherzhaft)*. Ihr seid ja immer noch hier.

ERSTER SCHATTEN. Ein Kammerdiener durch und durch ist Sevillas Bester.

(Kurzer, leiser Auszug von MOZARTS LAM-BACHER SINFONIE 45a / ALLEGRO MAE-STOSO.)

ZWEITER SCHATTEN. Jeglich Haar ist störend lang, lästig wirr und ungeordnet? Per flinker Hand ich´s richten kann, zügig schnell, ganz ohne Hell, die Schere zur Linken, den Kamm zur Rechten. Schnipp, Schnapp sind sie ab. Zufriedenheit ist meiner Kunden höchste Gabe. Meine Herren und nun die Frage? Wollen Sie?

VIERTER SCHATTEN. Ist es unser Haar oder die Aussicht auf ein lohnendes Geschäft, dass dich so glücklich macht?

ZWEITER SCHATTEN. Beides.

ERSTER SCHATTEN. Äh, entschuldigt. Wir sprachen von seiner Heilung.

VIERTER SCHATTEN. Heilung durchaus.

DRITTER SCHATTEN. Sofern Hades ihm gnädig ist.

ERSTER SCHATTEN. Nein, … *(Grinst.)* … nicht doch er. Zweifellos ist sein Zustand von chronischer Natur. *(Seine Stimme wird tiefer.)* Hans, meine Herren, so lautet das Dogma.

(Hall legt sich auf die Stimmen.)

VIERTER SCHATTEN *(ebenfalls mit tiefer Stimme)*. Dogma?

ERSTER SCHATTEN. Dogma.

(Kurze Stille. Dann weiter in normaler Stimmlage.)

ERSTER SCHATTEN. Sorgen? Was verängstigt dich, mein kleiner Hans?

ZWEITER SCHATTEN. Wie lang verspürst du die Symptome schon? Herzgeklopfe, Herzgerase oder Gestolper. Schwitzen, zittern oder beben. Ein trockener Mund allseits stets zugegen.

DRITTER SCHATTEN. Beeinträchtigen dich die
Sorgen? Etwa erheblich?

ZWEITER SCHATTEN. Vermagst du diese Sorgen
noch - zu kontrollieren?

ERSTER SCHATTEN. Sorgst du dich um das, was
höchstwahrscheinlich nie passiert?

ZWEITER SCHATTEN. Wie oft machst du die
Erfahrung, in Wahrung deinerselbst, gemäß
der Übertreibung, sorgsam zu sein?

DRITTER SCHATTEN. Bereitet es dir Kummer, der
Verlust der Übersicht?

ERSTER SCHATEN. Hast du Angst vor fremden
Menschen, die dich verwiesen, die dich
gekränkt, gar schlecht geplaudert haben über
dich?

DRITTER SCHATTEN. Ängstlich etwa darüber im
Mittelpunkt zu stehen, gerade dann wenn es
blamabel gleich unpässlich erscheint?

ERSTER SCHATTEN. Meidest du die Szenerie, die
Masse, der dies zugrunde liegt?

(Hans beginnt sich im Bett zu winden.)

DRITTER SCHATTEN. Der Kulisse Verweis,
    Kränkung oder einfaltslosen Plauderei?

ERSTER SCHATTEN. Angst vor öffentlicher
    Tischkultur? Vor Verrichtung des alltäglichen
    Geschäfts? *(Abfällig.)* Und dabei zugeneigt
    dem äußersten Eck der Häuslichkeit. *(Grinst.)*

ZWEITER SCHATTEN. Hältst du die Flucht vor der
    Furcht für logisch?

DRITTER SCHATTEN. Wie steht es um dein
    Bedürfnis? Den Drang dich zu erleichtern?

ERSTER SCHATTEN. Ist schon die pure Vorstellung
    von Szenerien, für dich beklemmend?

ZWEITER SCHATTEN. Schläfst du lang?

ERSTER SCHATTEN. Grübelst du?

DRITTER SCHATTEN. Denkst du unentwegt nur an
    das eine?

ZWEITER SCHATTEN. Probleme gar beim
    Konzentrieren?

ERSTER SCHATTEN. Merkst du dir die Dinge
    schlecht?

ZWEITER SCHATTEN. Keine Pläne mehr und Ziele?

DRITTER SCHATTEN. Fühlst du dich verlassen?

ZWEITER SCHATTEN. Kein Verlangen mehr zu wünschen?

ERSTER SCHATTEN. Kein Streben mehr nach Reichtum, Ruhm und Ehr?

DRITTER SCHATTEN. Der Durst nach Streitigkeit gestillt?

VIERTER SCHATTEN. Wie hieß deine Mutter? Wie oft warst du krank? Sehnt es dich nach Lust? Wein, Weib und Gesang? Geliebt zu werden? Zärtlichkeit zu spüren? Den Himmel auf Erden genießerisch zu berühren? Aufzustehen? Die Freiheit sehen? Kurz entschlossen neue Wege zu begehen? Warst du jemals Soldat? Warst du jemals im Krieg? Hast du jemals erlebt, was es bedeutet wenn man siegt? O, du Hänslein.

(Kurze Stille. Dann ein unheilvolles Getöse.)

ALLE ZUSAMMEN *(lauter werdend)*. Schuld, Schuld, Schuld, …

HANS *(außer sich)*. Nein! Nein! NEIN!!!

(Die Schatten beginnen hämisch zu lachen; zu verschwimmen; sich immer schneller im Kreis zu drehen. Dazu Auszüge von Mozart Opern – ZAUBERFLÖTE / DON GIOVANNI / DIE ENTFÜHRUNG AUS DEM SERAIL / DIE HOCHZEIT DES FIGARO - ebenfalls mit ansteigender Geschwindigkeit.)

HANS *(ängstlich).* WEICHET! *(Hält sich die Ohren zu. Krümmt sich zusammen.)* WEICHET!! AUFHÖREN!! *(Gänzlich fertig mit den Nerven.)* Aufhören!!!

(Dann plötzlich – Alles verstummt mit einem lauten Knall; Schatten und Gestalten verschwinden; Umstellung auf Normallicht; was folgt ist eine erneute Stille. Im Hintergrund wird das Schwarzweißbild einer antiken Tempelruine unter freiem Himmel sichtbar. Hans nimmt langsam die Hände von den Ohren. Blickt eingeschüchtert um sich.)

VIERTE SZENE

CONSTANZE zunächst im Off. HANS.

STIMME CONSTANZE. Warum? Warum wolltest du mich ermorden? *(Constanze in Trauerkleidung, verschleiert, erscheint überraschend neben Hans´ Bett.)* Was hab ich dir angetan, dass ich deinen Hass verdiene? *(Kurze Pause. Lüftet den Schleier.)* Ich kannte Georg schon länger. Er war mein Untermieter. *(Kurze Pause.)* Hätt ich denn anders als so agieren, ja handeln sollen? Ja, ich habe Mozart geliebt. Ich war eingeweiht in seine fortlaufenden Affären. Ich wusste um seine Wirkung auf Frauen, kannte seine Exzesse, die Orgien, denen er regelmäßig schwor. Dennoch habe ich ihm stets verziehen. Eben weil ich ihn liebte, genauso wie er mich. Über alle Maßen. Was bedeuten schon fleischliche Gelüste, die leibliche Hingabe im Vergleich zur wahren, einzig aufrichtigen Liebe zweier Menschen zueinander. In guten wie auch in schlechten Stunden. Immerfort im Bunde vereint.

HANS. Vergeben sie meiner Wenigkeit, Madame. Auch ich hatte meine Gründe. Es ist kein … *(Schöpft neue Kraft.)* … kein Geheimnis, das er vom Tage meiner Geburt an, zur Ikone meines weiteren Schaffens avancierte. Ich habe ihm viel zu verdanken, Madame. Und stünde ich, … ich dem weiblichen Geschlechte nahe, bitte verstehen Sie mich jetzt nicht falsch. Ich meine, wäre ich eine Frau, Frau … *(Hustet.)* … so fürchte ich, fürchte ich, wäre es zwischen uns … *(Schluckt.)* … zu einem direkten Zweikampf gekommen. So sehr, huldige und … preise ich ihn, Madame.

(Constanze greift Hans auf die Stirn.)

CONSTANZE *(erschrocken)*. Bei Gott. Das Fieber
   spricht aus Euch.

HANS *(greift sich Constanzes Arm)*. Bitte, so lasst
   mich erzählen, Madame. Ihr sollt die Wahrheit
   erfahren, bitte. Gönnt mir nur diese eine
   Gnade noch. Ihr müsst es erfahren. Alles. Von
   Anfang an. Andernfalls kann ich nicht sterben.
   Nicht in Zufriedenheit. *(Constanze nickt.)*
   Danke! *(Hans lässt wieder los und sinkt zu-*
   rück ins Bett. Atmet tief durch.) Zu Beginn
   verlief unser Vorhaben reibungslos. Die Leute
   kamen. Die Inszenierung wurde plausibel in
   Szene gesetzt. Die Spannung stieg mit jedem
   neuen Satz. Weiter und weiter wuchs die
   Erwartung an den tatsächlichen Höhepunkt.

CONSTANZE *(wendet sich gelangweilt ab; seufzt)*.
   Ich weiß, ich weiß.

HANS. Wochenlang hatten wir auf dieses eine Ziel
   hingearbeitet. Probe auf Probe folgen lassen,
   um uns in Perfektion zu übertreffen. *(Das*
   Licht erlischt schlagartig. Dunkelheit kehrt
   ein. Lauter werdende Musik – Auszug:
   MODEST MUSSORGSKI / EINE NACHT
   AUF DEM KAHLEN BERGE.) Geradezu

meisterhaft, setzten wir um, was wir gelernt …

(Vermummte Gestalten mit verstörenden Fratzen treten auf, wackelnd wie buddhistische Mönche auf ihrer Prozessionswanderung. Sie bilden tänzelnd einen Kreis; stimmen sich auf ein bevorstehendes Ereignis ein. Währenddessen geht die Musik langsam aus. Die Gestalten erstarren auf ihren Positionen. Lichtwanderung zurück zu Hans und Constanze.)

HANS *(verschwitzt; mit veränderter Stimme; sich windend)*. Ich erkenne *(Pause.)* einen kleinen Jungen, ein Wunderkind, dessen Augen verbunden sind, während es am Klavier zur allgemeinen Belustigung der Kaiserin samt Hofstaat, sein Können preisgibt. Der Hofstaat tuschelt, lächelt, vergnügt sich mit mir. Ich spiele, immer lauter, immer schneller, fehlerlos und leicht. Meine Finger gleiten wie eine Feder über die Tasten. Es macht mir sichtlich Freude. Ich liebe es im Mittelpunkt zu stehen. Bewundert zu werden. *(Pause.)*

CONSTANZE *(mit großen Augen)*. Er ist von Sinnen. Er glüht förmlich. Er braucht einen Arzt.

HANS. Nein, nicht. Das Einzige, was mich interessiert ist, dem Klang der Orgel zu lauschen. *(Im Hintergrund ertönt ein kurzes Orgelspiel.)* Sanft breitet er sich in der Kirche aus. Er verzaubert mich. Es tut so gut, so unendlich gut, sich dieser angenehmen Unbeschwertheit hinzugeben, sie zu erfahren. Einfach mit ihr zu verschmelzen. Darf ich? Sag, dass ich es darf, Nannerl?

CONSTANZE. Ich bin nicht das Nannerl.

HANS. Die Predigt.

CONSTANZE. Eine Predigt?

HANS. Ich bin noch so jung. *(Kurze Pause.)* Ich vernehme immer nur Namen, Geschichten und Ereignisse, deren Inhalte befremdlich wirken. Ich verstehe kaum was. Ich suche nach einem Sinn. Warum erzählt man sich diese Geschichten? Sollten sie ihre Zuhörer berühren? Das lang gezogene Prozedere. Gelobt seiest du Maria voller Gnaden. Immer wieder diese Sätze. Man hört nicht auf, sie ständig zu wiederholen. *(Panisch.)* Immer und immer wieder. Gelobt seiest du Maria, gelobt seiest du Maria. *(Hält sich die Ohren zu, halb wahnsinnig.)* Gelobt seiest du Maria *(Kurze*

Pause.) voller Gnaden. *(Schnaufend.)* Alles dauert so lang. Es ist für mich eine Ewigkeit. Was mache ich in diesen Räumlichkeiten? Maria, die Jungfrau, die du warst, als du Gottes Sohn zur Welt brachtest. Mich hält es nur schwer auf der Bank. Ich möchte endlich nach Hause. Aber Vater sieht mich mit versteinerter Miene an.

CONSTANZE. Doch nicht etwa Leopold?

HANS. Ja. Er hatte noch nie ein Gespür für die Wünsche eines Kindes. Maria voller Gnaden, ich bin nur ein Junge, um nicht zu sagen ein Kind, ein kleines unschuldiges Kind, wie einst dein Sohn. Ich will raus, raus aus dieser Engstirnigkeit. Oh du Allmächtiger, erbarm dich meiner, errette mich aus dieser Umklammerung. Vater mahnt mich zur Haltung. Die Menschen sollen kein schlechtes Bild von uns erhaschen. Er, der ein Kapellmeister geworden ist, muss seinen Ruf wahren. Ein untadeliges Benehmen würde ihn in Verlegenheit bringen. Ja, Vater ich verhalte mich ruhig. Wie ein Toter werde ich schweigen, hoffend, das mich der Klang der Orgel erlöst, mich der Langeweile entzieht. Fremd ist die Sprache die gesprochen wird, fremd und alt.

CONSTANZE. Latein, demnach.

HANS. Weiß nicht. Glaub schon. Andere Sprachen
würde ich erkennen.

CONSTANZE. Du sprichst nicht sehr viele Sprachen,
wie?

HANS. Ich lerne noch. Vater meint, dass man nie
wissen kann, wohin einen die Arbeit führt.
Und das es besser wäre viele Sprachen zu
lernen, um alles so gut als möglich zu
verstehen.

CONSTANZE. Und Latein findest du zu alt?

HANS. Gibt es eine Erklärung dafür, weshalb man
noch immer auf Vergangenes vertraut? Ich
verstehe nichts, rein gar nichts. Allem
Anschein nach bin ich der Einzige, dem das
Verständnis fehlt. *(Kurze Pause.)* Er hat
aufgehört. Wir sprechen alle ein stilles Gebet,
kniend. Die Menschen um uns herum, wirken
gebrochen, durchdrungen von seltsamen
Mächten. Maria, Maria, gepriesen seiest du in
deiner Güte! Ich verspüre keinerlei
Zugehörigkeit. Die Erleuchtung zieht an mir
vorüber. Wann endlich ist es vorbei? Ja, Vater.
Aber ich tue doch nichts. Bin ich denn nicht
brav genug. Ich warte doch nur auf die Musik.

Verstehst du mich, auf die Musik! Nannerl grinst mich an. Meine Entrückungen verhelfen ihr zu einem Lächeln. Oh, sie hat schon so lange nicht mehr gelächelt. Die Krankheit hat uns sehr geschwächt.

CONSTANZE. Ich sehe es. Höchstwahrscheinlich Wundfieber.

HANS. Mutter meinte immer, wir sollten beten. Beten zum Herrn um Gesundung. Ihr müsst wissen, sie war herzensgut. Eine Frau, die Anstand machte aus ihrem häuslichen Gefängnis auszubrechen. *(Pause.)* Beten, welch ein Unfug. Als ob Gott uns dabei helfen würde, gesund zu werden. Heißt es nicht, dass man sich immer selbst helfen muss. *(Pause.)* Der Arzt kam. Wir konnten ihn kaum verstehen. Er sprach Englisch. Vater tat sich erheblich schwer mit der Übersetzung. Am Ende lief es aber wieder auf dasselbe hinaus. Wir werden zur Ader gelassen. Man verabreichte uns ein komisches Pulver, dass man zuvor im Wasser auflöste. Nein, ich will es nicht. *(Wieder panisch, gestikuliert abwehrend.)* Es schmeckt grauslich. So unsagbar e-kelhaft, dass mir übel wird. *(Verzieht sein Gesicht.)* Mich überkommt ein Brechreiz. Ich muss mich übergeben. Es ist so schrecklich.

CONSTANZE *(kopfschüttelnd)*. Ihr sagt es.

HANS. Die Krankheit verschwand nach einigen
Tagen. Vater sagte, dass es dennoch Wochen
waren. Wir haben uns nie richtig erholt. Dafür
fehlte uns einfach die Kraft. Diese ewigen
Reisen. Einmal hierhin, einmal dorthin. Ja, ich
kann wahrlich behaupten binnen kürzester Zeit
ganz Europa bereist zu haben. Ständig spielten
wir irgendwo. Waren zu Gast an
verschiedenen Königshöfen. Man nannte uns
die Mozarts, die Salzburger Wunderkinder.
Vater hoffte auf eine spätere Anstellung
meinerseits und, dass das Nannerl in eine
angesehene Familie einheiratet. Er versuchte
wirklich alles. Er nutzte jede sich bietende
Gelegenheit unser Können vorzuführen.

CONSTANZE *(verärgert)*. Ich habe genug von Euren
Schauermärchen. Wollt Ihr mir etwa
weismachen, dass Euch der Geist meines
verstorbenen Mannes heimsucht? Schande
über Euch, einer Witwe so etwas
entgegenzubringen. *(Kurze Pause.)* Ich werde
Euch jetzt einen Arzt holen. *(Muss sich das
Weinen verkneifen.)* Mehr kann ich nicht für
Euch tun. Guten Tag, mein Herr. *(Geht ab.)*

STIMME EINES PRIESTERS *(Off; mit Hall versetzt)*.
Mein Sohn, Gott wird dich empfangen in

seiner Gnade. Ich sage dir, noch heute wirst du, du allein, ins Paradies einziehen. Das Leid vergessen, wessen du dich schuldig fühlst. Es wird abfallen wie ein schwerer Stein, der dich drückt. Dir unaufhörlich zusetzt und Schmerzen bereitet. Bei jedem Drehen und Wenden, bei jedem Atemzug. Ja, jeder trägt diesen Stein mit sich. Jeder, der als Mensch, dem Staube der Erde entsprungen. Jeder. Deshalb verzage nicht, mein Sohn, berufe dich auf Gott, vertraue ihm. Denn er wird deine Rettung.

HANS. Ja, Pater. Jedes Bemühen eines Arztes für mich, wäre vergeblich. Ergäbe keinen Sinn. Mein Wandern steht unmittelbar bevor.

(Hans wird bewusstlos. Persephone taucht neben dem Bett auf. Sie kniet sich hin und betrachtet Hans.)

FÜNFTE SZENE

PERSEPHONE. HADES.

PHERSEPHONE *(seufzend; traurig lächelnd)*. Wir haben uns schuldig gemacht, mein kleines Menschlein, schuldig. Wir beide. Hades gefiel unser gemeinsam Kunstwerk nicht. Er hält dich sogar für einen Schwächling. Ja, schwach bist du in seinen Augen. *(Streichelt sein Haar.)* Dabei fand ich deine Hingabe als sehr leidenschaftlich. Du hast eben Talent. Richtig Talent. *(Schüttelt den Kopf; von Mitleid ergriffen.)* Mach dir nichts draus. Er ist nur eifersüchtig. Und obendrein auch noch dumm wie eine Herde Schafe. *(Kurze Pause; wendet sich nachdenklich ab.)* Geschah es mit Absicht? Ein freiwillig eingegangenes Risiko? *(Wieder zu Hans.)* Du hast mein ganzes Konzept durcheinander gebracht, einfach so über den Haufen geworfen. Das Hades darüber nicht sonderlich begeistert war, kannst du dir ja wohl ausmalen. Das war nicht abgesprochen. Und zu allem Übel, muss ich mich nun wieder mit seinen Launen herumschlagen. Das alles hab ich dir zu verdanken. Hörst du? *(Hans bleibt regungslos.)* Nein, du hörst es nicht. Weshalb auch? Sind wir doch beide daran beteiligt, irgendwie.

(Auftritt Hades. Er geht direkt auf Persephone zu.)

HADES. Dacht ich´s mir doch. Hier steckt ihr also.

PERSEPHONE. Du dachtest? Seit wann? Sag, was du zu sagen hast und dann verschwinde.

HADES. O nein, meine liebe Persephone. So leicht
kommst du mir nicht davon. So leicht nicht!
Ihr beide werdet dafür bezahlen.

PERSEPHONE. Und wie erwägst du uns zu bestrafen?
(Hades lacht hämisch. Kurze Pause.) Ich hasse
dich.

HADES. Endlich verstehen wir uns.

PERSEPHONE. Wie ich deine Art verachte. *(Steht auf;
mit ernstem Blick zu Hades.)*

HADES. Ja, ich bin wahrlich verachtenswert.

PERSEPHONE. Du widerliches ...

HADES. Schwein? *(Lächelt erneut.)* Wirst du auf
deine alten Tage noch charmant?

*(Persephone gibt Hades eine Ohrfeige, die er
wortlos hinnimmt. Er reibt sich nachdenklich
die Wange; fragender Blick zum Publikum.
Dann – Hades kontert nun seinerseits mit ei-
ner Ohrfeige. Persephone fällt augenblicklich
zu Boden.)*

HADES. Ist das der Dank für alles?

PERSEPHONE *(aufgelöst)*. Du bist das letzte. Das Allerletzte. Ich wusste, dass der Biss in den Granatapfel ein Fehler war. Wie enorm erkenne ich erst jetzt. Was würde ich dafür geben, es ungeschehen zu machen. *(Richtet sich langsam wieder auf.)*

HADES. Du hast also Gewissheit?

PERSEPHONE. Jede Silbe ist mir bekannt. Hermes hat es mir dereinst geflüstert.

HADES. Sieh da, Hermes. Nett. Äußerst nett von ihm.

PERSEPHONE. Wenigstens ist er ehrlich. Ganz im Gegensatz zu dir.

HADES. Nicht mehr lange, das garantiere ich dir, nicht mehr lange.

PERSEPHONE. Was hast du vor? Willst du ihn vielleicht auch verprügeln? Im Übrigen kenne ich dieses Gewäsch schon. Nur auf die Gefahr hin, dass ich mich wiederhole. Aber fällt dir nichts Besseres ein?

HADES. Eine Ohrfeige reicht bei dir nicht scheint's?

PERSEPHONE. So billig. Wie tief bist du gesunken, Hades, als das du gegen deine eigene Frau gewalttätig wirst.

(Hades will Persephone neuerlich schlagen. Persephone bleibt gelassen.)

PERSEPHONE. Ja schlag mich. Schlag mich so fest du nur kannst. Allen werd ich es erzählen. Allen!

HADES *(lässt ab)*. Erzählen?

PERSEPHONE. Erzählen.

HADES. Wem?

PERSEPHONE. Zum Beispiel deinen Geschwistern. Ich bin gespannt wie sie reagieren, wenn sie erfahren, dass ihr Bruder ein ekelhaftes Scheusal geworden ist.

HADES. Das ist mir gleich.

PERSEPHONE. Wenn du´s sagst.

HADES. Du traust dich ja doch nicht.

PERSEPHONE. Wollen wir wetten?

HADES. Auf was? Alles, was du jemals besessen
hast, einschließlich des Stofffetzens auf deiner
Haut, habe ich, ICH, dir gegeben. Ich war es,
der dich zu dem gemacht hat, was du
gegenwärtig so opulent in Szene setzt.

PERSEPHONE. Du meinst, eine Sklavin?

HADES *(abwertend; naserümpfend)*. Sklavin. *(Ver-
schränkt die Arme.)*

PERSEPHONE. O du mein heiliger Erlöser. *(Wirft sich
Hades vor die Füße; künstlich.)*

HADES. Letztens gefiel es mir besser.

PERSEPHONE. Demütig begab ich mich in deine
Obhut. Tag und Nacht stand ich dir als
Gespielin praktisch zur Hand. Pflegte die
Begierde deines fordernden Körpers. Phasen
der Ruhe – ein Fremdwort – das ich nie
übersetzen konnte.

HADES *(grinsend; tritt zur Seite)*. Bitte. Es steht dir
frei zu gehen. Ich entbinde dich deiner
Pflichten als Eheweib.

PERSEPHONE. Lügner. *(Sich erhebend; gedenkt zu
gehen. Hades hält sie zurück.)*

HADES. Ich warne dich. Wenn du mir nun entfliehst, brauchst du nie wieder zurückzukehren. Hilfe von mir, hast du dann nicht mehr zu erwarten. Berücksichtige das. *(Lässt Persephone los; macht den Weg frei.)*

PERSEPHONE. Kaum denkbar, dass es mir woanders schlechter gehen soll. *(Versucht neuerlich an Hades vorbeizukommen – vergeblich. Wiederum reißt Hades sie an sich.)*

HADES. Komm her, meine kleine Gespielin. *(Will sie küssen. Persephone dreht sich weg; verzweifelter Befreiungskampf.)*

PERSEPHONE. Hades, hör auf. Es ist vorbei.

HADES. Nichts ist vorbei.

PERSEPHONE. Lass mich los. Lass mich endlich gehen.

(Hades wird aggressiv, zerrt sie zu Boden. Persephone wirkt leicht hysterisch.)

HADES *(zornig)*. Zier dich nicht so. Früher hat es dir doch auch gefallen? Die wilde, unverblümte Art. Wie die Tiere wollten wir übereinander herfallen. Uns gegenseitig zerfleischen in lustvoller Umarmung. Ist es wegen ihm?

Diesem Hänslein? *(Persephone lässt es über
sich ergehen; schweigend.)* Antworte mir!
*(Persephone ignoriert ihn; gleichgültiger Blick
zur Seite.)* Hat´ s dir die Sprache verschlagen?
Persephone! *(Leckt ihre Wange ab.)* Ich liebe
dich doch. Wie könnt ich dich je verschmähen,
je abweisend zur dir sein. Nein. Du
symbolisierst alles, meinen ganzen Stolz,
meinen Reichtum, meinen Besitz. Auch könnt
ich dir verzeihen, wenn du der Welt größte
Hure wärst. O Persephone. *(Dreht ihren Kopf
zu sich.)* Mein Liebling. *(Abblende. Licht auf
die erstarrten Fratzen. Sie fahren fort. Ebenso
die Musik. Zwei weitere Gestalten, in gleicher
Kostümierung, tragen einen Galgenbaum samt
Stuhl herein. Ihnen folgend sehen wir eine
dritte Kreatur, die einen Leiterwagen herein-
zieht. Darauf stehend, mit am Rücken gefessel-
ten Händen - Arlecchino. Sein Haupt ist ge-
beugt. Die Versammelten bilden einen schma-
len Pfad, durch welchen man den Verurteilten
samt Utensilien führt, geradewegs zum End-
punkt der Bühne. Dort angekommen werden
Galgenbaum und Stuhl eilends aufgebaut; Ar-
lecchino auf den Stuhl gestellt. Die durch die
Ankunft des Verurteilten kurz unterbrochene
Zeremonie geht in die entscheidende Phase.
Das Licht wächst und erfasst Hades und Per-
sephone.)*

PERSEPHONE. Ich dich unterstützen? Das grenzt an Verrat.

HADES. Zeus´ Herrschaft ist vorbei. Sie ist am Ende.

PERSEPHONE. Also war Zeus der Urheber dieser Tat?

HADES *(leicht verunsichert).* Zeus ganz allein. *(Grinst.)* Niemand sonst. Mein Beweis steht dort. *(Zeigt auf Arlecchino, der plötzlich von einem rötlichen Lichtstrahl getroffen wird.)* Er hat alles gestanden. Gepriesen sei die Folter in ihrer Willkür. *(Grinst.)*

PERSEPHONE *(grübelnd).* Das würde bedeuten ...

HADES. Sämtliche Anschuldigungen gegen dich erwiesen sich als haltlos. Ein bedauernswerter Irrtum. *(Leichte Verbeugung.)* Ich bitte vielmals um Verzeihung, Madame. *(Grinst. Persephone setzt sich wie benommen, rücklings, auf die Unterseite des Bettes; gestörtes Lachen.)* Somit hilfst du mir? *(Persephone lacht unbeirrt weiter; lauter werdend. Hades versetzt Persephone abermals einen Wangenstreich, diesmal jedoch behutsamer.)*

PERSEPHONE *(kommt wieder zu sich; stößt Hades weg).* Du aasfressende Missgeburt. Schlag

mich nie wieder. Hast du verstanden? Nie
wieder.

*(Auftritt Thanatos. Er eilt zu Hades; Verbeu-
gung.)*

SECHSTE SZENE

VORIGE. THANATOS.

THANATOS. Alle stehen bereit, Herr. Der Sturm
kann beginnen.

*(Persephone erhebt sich verwundert; geht auf
die Beiden zu.)*

HADES *(nervöser Blick zu Persephone)*. Ja, ja,
danke.

THANATOS. Ist Sie im Bilde? *(Verschmitzt zu Perse-
phone schauend.)*

HADES. Ich habe alles unter Kontrolle, ja. Ihr dürft
euch zurückziehen.

(Thanatos ab.)

PERSEPHONE. Und Hans? Was geschieht mit Hans?

HADES. Das Übliche. Unser Gericht erwartet ihn.

PERSEPHONE. Aber du kannst ihn nicht diesen
Bestien überlassen? Schon gar nicht alleine.
Ich möchte, dass du ihn heilst.

HADES *(seufzt)*. Geht das schon wieder los?

PERSEPHONE. Heile ihn!

HADES. Es gibt keinen Anlass dafür.

PERSEPHONE. Heile ihn! Sofort!

HADES. Nein.

PERSEPHONE. Heile ihn.

HADES. Nein.

PERSEPHONE. Heile - Hans.

HADES *(verschränkt die Arme)*. Ich denk gar nicht
dran.

PERSEPHONE. Zum letzten Mal. Heile diesen Mann.
Er gab für dich sein Leben.

HADES. Ein Menschenleben, und?

PERSEPHONE. Entweder du machst ihn wieder

gesund oder aber ... oder aber ...

HADES *(wird hellhörig)*. Ja?

PERSEPHONE. Oder wir sind geschiedene Leute.

HADES *(lacht; verdreht die Augen)*. Ihr Frauen. Der
gordischste aller Knoten.

*(Erneut taucht Thanatos auf; aufgeregt. Wäh-
rend die Fratzen ihre Hände beschwörend zum
Himmel strecken, wird der Galgen angehoben;
freie Sicht auf den Verurteilten.)*

THANATOS. Herr. *(Leichte Verbeugung vor Hades.)*
Man erwartet eure Befehle. Es bietet sich
keine günstigere Gelegenheit. Wir müssen
sofort zuschlagen, wollen wir die
Überraschung auf unserer Seite.

HADES. Gut. Ich bin gleich bei Ihnen.

*(Verneigung Thanatos; er beabsichtigt zu ge-
hen.)*

PERSEPHONE. Thanatos, auf ein Wort.

(Thanatos hält inne, dreht sich um.)

THANATOS *(verbeugend)*. Ihr wünscht, Herrin?

PERSEPHONE. Sag, wer steht für meinen Mann
bereit.

THANATOS *(schaut erschrocken auf)*. Die … *(Fragender Blick zu Hades.)*

HADES. Keine Angst, Thanatos. Antworte ihr.

THANATOS. Gewiss, ja. Die Truppen stehen bereit,
Herrin. Hades Armee steht für den Angriff auf
den Olymp bereit.

PERSEPHONE *(lächelt)*. Armee?

THANATOS. Untote Seelen, die Hades einen Gefallen
schulden.

PERSEPHONE. Wer schuldet ihm nicht irgendwas.

HADES *(zu Persephone)*. Kann ich auf dich bauen?

PERSEPHONE. Hoffen darfst du, jedoch nicht bauen,
nach allem, was du mir angetan hast.

HADES. Ich dir angetan? Ich?

PERSEPHONE. Frag nicht so dumm. Wie oft willst du
noch den Betroffenen mimen? Manchmal denk
ich mir wirklich, bei dir läuft etwas verkehrt.

(Hades kann sich kaum halten vor Wut.)

HADES. Augenblick, meine Liebe. Wer hat hier wem etwas angetan. Damit eins klar ist. Bin nicht ich es gewesen, der mit ansehen musste, wie sein Geburtstag sang und klanglos den Bach hinunterlief? Hmmh?

PERSEPHONE. Und wie wir wissen, hab ich damit nichts zu schaffen oder?

HADES. Trotzdem hättest du mehr Sorgfalt an den Tag legen müssen. Erwählt einen Taugenichts zum Schauspieler. *(Kopfschüttelnd.)*

PERSEPHONE. Aber er hat Begabung. Ist sensibel und einfühlsam. Von seiner unbeschreiblichen Ausstrahlung wag ich kaum zu sprechen.

HADES. War er wenigstens gut?

PERSEPHONE. Du selbst hast ihn doch erlebt.

HADES. Sicher, aber das meinte ich nicht.

PERSEPHONE *(versteht)*. Ach, du denkst - wir beide hätten …

HADES. Haarscharf erkannt. War es schön?

PERSEPHONE. Mann bleibt Mann. Kennst du einen, kennst du alle.

HADES. Wie viele Persephone?

PERSEPHONE. Ich wüsste nicht was es dich angeht?

HADES. Eben. Ich bin ja auch bloß dein Mann.

PERSEPHONE. Genau. Bloß mein Mann.

HADES. Klingt sehr unterschwellig.

PERSEPHONE. Habe ich dir jemals Vorschriften, in Bezug auf dein Benehmen gemacht?

HADES. Das wäre ja noch schöner.

PERSEPHONE. Ich schwieg stets, wenn du von oben, wieder so ein dahergelaufenes Flittchen mitbrachtest, um sie in unserem Ehebett zu schwängern. Nie zerriss ich mir den Mund darüber. Ich akzeptierte und ignorierte es. Duldsam wie ich war.

THANATOS. Herr, die Truppen.

HADES. Folgst du mir jetzt?

PERSEPHONE. Wechsle nicht das Thema.

HADES. Ich wechsle nichts. Du hast doch Thanatos
gehört.

PERSEPHONE. Und Hans?

HADES. Hartnäckig bist du, dass muss man dir
lassen.

PERSEPHONE. Eine Sache der Erziehung,
schlichtweg. Nun?

(Hades überlegt kurz; schnippt mit den Fin-
gern. Hans erwacht; richtet sich auf. Perse-
phone lächelt ihm erleichtert zu. Hans geht
ab.)

HADES. Zufrieden?

PERSEPHONE. Und dieser Harlekin?

(Hades überlegt erneut. Arlecchino versucht
sich zu befreien; windet sich. Man bringt eine
Leiter und legt ihm den Strick um den Hals.
Die Menge tobt. Das Zeremoniell steuert sei-
nem Höhepunkt zu.)

THANATOS. Ich bitte Euch, Herr. Einigt Euch. Zu
unsren …

HADES *(zornig)*. Schluss damit! Hört auf! Alle
beide! Ich mag nicht zu denken, wenn man
mich von allen Seiten mit Unsinn belästigt.
*(Nachdenklich. Kurze Pause. Dann zu Thana-
tos.)* Ich befürchte, wir werden auf diese Seele
vorerst verzichten müssen, Thanatos.

THANATOS. Aber er war unser hölzernes Pferd?
Unser Sieg?

HADES. Alles Klagen nutzt nichts, mein Freund. Ich
bin nun mal auf den Beistand Persephones
angewiesen. Ich kann nicht ohne sie.

THANATOS. Warum?

HADES. Keine Fragen mehr. Meine Antwort muss -
Nein - lauten.

THANATOS. Ahnt ihr auch, welchen Nachteil dies
mit sich bringt? Zeus könnte uns zermalmen.
Ungebremst in die Erde stampfen. Ein
Wunder, wenn der Krieg länger als ein
Menschenleben dauern würde.

HADES. Du hast ja Recht. Doch erkenne die
Zwickmühle in der ich mich befinde. Ich kann
weder vor noch zurück.

THANATOS. Seit wann hört mein Herr auf die Worte einer Frau?

HADES. Nenne es Liebe, Thanatos.

THANATOS. Liebe. Denn ganzen Plan bringt es zum Scheitern. Umsonst war die Müh, die Attacke auf den Mensch.

PERSEPHONE. Sagtet ihr Mensch?

THANATOS *(erschrocken zu Hades)*. Sie ist nicht im Bilde? O ihr Götter des Unheils. Ein argloser Geist, hat mich getrieben. *(Verneigt sich; entflieht.)*

(Persephone ist sprachlos; schaut fragend zu Hades.)

HADES. Ich kann das erklären. *(Schnippt mit den Fingern.)* Thanatos!

PERSEPHONE. Bei aller Niedertracht und Gehässigkeit. Dieses ist der Zenit. *(Blickt Hades kurz in die Augen, dreht sich um und geht. Hades folgt ihr und kann sie gerade noch am Verlassen der Bühne hindern; Blitz und Donner unterstreichen sein Tun. Unterdessen sehen wir, wie sich die Fesseln von Arlecchino schlagartig lösen. Er zieht seinen Kopf aus der*

*Schlinge und hebt die Arme; sodann um-
schließt ihn grelles Licht. Seine Peiniger fallen
ehrfürchtig auf die Knie. Er nimmt seine Mas-
ke ab; wirft sie zu Boden. Zum Vorschein
kommt – Der Priester.)*

HADES. Warte.

PERSEPHONE *(beleidigt)*. Worauf?

HADES. Und Zeus?

PERSEPHONE *(zornig)*. Damit du mich wieder
    hintergehen kannst?

HADES. Ich wollte doch nur deine Unterstützung.

PERSEPHONE. Wieso hast du mich dann nie gefragt?
    *(Sehen sich stumm an – Kurzes Schweigen.
    Über dem Kulissenbild (Tempel) braut sich ein
    Unwetter zusammen. Von oben herabgelassen,
    erhält der Priester die sichtlichen Insignien
    des Zeus; Blitzbündel und Zepter, die er je-
    doch, da ihm keine Aufmerksamkeit zuteil
    wird, enttäuscht herabhängen lässt. Er ver-
    schränkt die Arme und blickt erwartungsvoll
    auf Hades und Persephone.)*

HADES. Weil ich mir kaum sicher war, wie du
    reagieren würdest. Darum suchte ich nach

einer Lösung, einem Weg, dich stärker an mich zu binden, aus der Not eine Tugend zu machen. Schließlich kam mir die Idee der Tragödie. Nutzen und Vorliebe ließen sich hierbei gleichermaßen vereinen. Es war schlicht und ergreifend - genial, einerseits meiner Lieblingsbeschäftigung zu frönen, gleichzeitig aber auch mein Vorhaben umzusetzen. Indem ich das Konstrukt zum Einsturz brachte, das Schauspiel sabotierte, ergab sich die einmalige Möglichkeit, dich gegen Zeus aufzubringen. Durch die alleinige Schuldzuweisung aufzubringen. Auf das wir gemeinsam eine neue Revolution vom Zaum brechen und wie ein Sturmwind hinwegfegend, ruhmreich in den Olymp einziehen würden. Als seine neuen Beherrscher. Das war es, worum es mir ging – eigentlich.

PERSEPHONE. Und deine Geschwister?

HADES. Sie vertrauen mir.

PERSEPHONE. Deine Mutter?

HADES. Ist mir wohlgesonnen.

PERSEPHONE *(grinst hämisch)*. Sonach bliebe noch eine Sache.

HADES. Die da wäre.

PERSEPHONE. Ich bin schwanger.

(Schockiert lässt der Priester seine Requisiten fallen; fragender Blick auf Hades. Auch die Fratzen werden hellhörig. Sie drehen sich um und stehen nacheinander auf; ihr Interesse gilt allein Persephone.)

HADES *(bestürzt)*. Schwanger?

PERSEPHONE. Von Zeus.

(Es donnert; Hades mit erschrockenem Blick zum Publikum.)

Vorhang.

ANMERKUNGEN

PERSONEN

Hades: Er ist der Sohn des Kronos und Bruder des Zeus. Gemeinsam mit Persephone beherrscht er die Unterwelt. Übersetzt bedeutet sein Name soviel wie *„Der Unsichtbare"*. Seine Erkennungsmerkmale sind zum einen der Zweizack und ein von vier schwarzen Rössern gezogener Wagen. Häufig wird Hades auch mit einem Zepter dargestellt. Seinem Charisma geht ein kühles, mitleidloses Wesen voraus, dass keine Gnade kennt. Allein schon deshalb steht er bei den Griechen nicht sonderlich hoch im Kurs.

Persephone: Sie ist das Ergebnis einer Liaison zwischen den Geschwistern Zeus und Demeter. Anfänglich noch Kore *(„Mädchen")* genannt, wird auch sie durch den als Schlange auftretenden Zeus befruchtet. Nachdem sie ihm einen Nachfolger – Zagreus – schenkt, lässt dieser sie fallen und reicht sie indirekt weiter an seinen Bruder,

der sich mittlerweile in Kore verliebt hat. Kores Mutter Demeter ahnt von alledem nichts. Schließlich entführt Hades das Mädchen und macht sie, im stillen Einverständnis von Zeus, zu seiner Frau. Kore muss von nun an als Persephone ihr Dasein in der Unterwelt fristen, lediglich dazu befugt gelegentlich auf die Erde zurückzukehren. Die Legende der Jahreszeiten entsteht.

Hans Hofmair: Er ist Einer der wenigen Fanatiker unter den Mozart Verehrern. In Ausübung seines schriftstellerischen wie schauspielerischen Schaffens versucht er stets eine ähnliche Perfektion gleichsam Mozart in der Musik zu erlangen. Betrachtet man die Person Hofmair einmal genauer so finden sich schnell viele Parallelen zur Gegenwart, da in diesem Zusammenhang speziell die althergebrachte Frage, in wie weit Menschen bereit sind für ihre Idole zu morden, aufgegriffen wird. Wann wäre ein Lebewesen wie Hans tatsächlich in der Lage jegliche Menschlichkeit ab zulegen? Hans ist schlichtweg der Inbegriff, das Sinnbild für einen leichtgläubigen, naiv traumatisierten Fanatiker, der in seinem Wahn rasch zu einem unkontrollierbaren, nicht einzuschätzenden Sicherheitsrisiko verkommt. Kurzum zur Bestie wird.

Thanatos: Auch als Gott des Todes bekannt ist der Zwillingsbruder von Hypnos, dem Gott des Schlafes, der Hypnose. Zusammen marschieren sie im Gefolge von Hades. Ist eine Seele erst einmal gefangen, so ist ihr Schicksal auf ewig besiegelt. Nur Herakles *(Herkules)* und Sisyphos vermochten es einst, Thanatos zu trotzen. In unseren Breiten kennen wir ihn vor allem als hochgewachsenes Skelett, dessen wahre Identität stets unter einer einfachen Mönchskutte verborgen bleibt, während in seiner Hand das Attribut einer ebenso großen wie scharfkantigen Sense ruht. Letzteren ist auch die Fabel des *Totentanzes* zuzuschreiben. Bevorzugt von der Kirche als Waffe gegen die Sünde eingesetzt *(seit dem ausgehenden 14. Jhd.)*, sollten die Menschen durch schauderhafte Szenarien an Kirchenwänden wieder zur Räson gebracht werden und zurück in ein gottgewolltes Leben finden. Zum häufigen Motiv hierbei avancierte die Darstellung geistlicher und weltlicher Ständevertreter, bei ihrem Tanz, Hand in Hand, mit dem Tod.

Priester: Ein frommer Glaubensmann, der stets das Gute im Menschen sieht.

Constanze II: Ist eine junge, ambitionierte Schauspielerin, die in ihrem Ehrgeiz alles aus sich herausholt, um der Perfektion nahe zu sein.

Vier Schatten: Sie stehen für die Freiheit der Seele, im Kontext zum Körper, der dies nicht akzeptieren will. Hinter ihrer schattenhaften Fassade verbirgt sich die fiktive Identität namhafter Opernfiguren. Allesamt durch Mozarts Musik entstanden ... *Tamino (Die Zauberflöte)*, *Figaro (Die Hoch zeit des Figaro)*, *Don Giovanni (Don Giovanni)* und *Titus (Die Milde des Titus)*.

Erzähler: Ein uns unbekannter Mann, der sich ermächtigt sieht, als stiller Beobachter zu fungieren.

Pater Amand Schickmayr: (1746 – 1794) Abt des Benediktinerstifts Lambach in Oberösterreich. Er gilt als guter Freund der Mozarts und ist ein Förderer der Kunst. Mit ihm erlebt das Stift eine ungeahnte Blüte.

Constanze Mozart: (1762 – 1842) geborene Weber. Ehefrau von Wolfgang Amadeus Mozart. Glaubt man neuesten Forschungen, so ist Constanze hingegen vieler Beschreibungen alles andere als lieblos, untreu oder faul. In der Ehe mit Mozart gebärt sie mehrere Kinder, wobei nur zwei das Erwachsenenalter erreichen – Carl Thomas und Franz Xaver. Nach dem frühen Tod ihres Mannes lebt sie für einige Jahre von einer bescheidenen Witwenrente, ein gesellschaftlicher Abstieg. 1809

heiratet sie den dänischen Diplomaten und Lega-
tionssekretär Georg von Nissen mit dem sie ein
Jahr später nach Kopenhagen zieht.

Arlecchino, der Harlekin: Der *Commedia dell'arte*
entsprungen, stellt er die, oft possenhafte, Figur
eines Dieners dar. Über die Renaissance hinaus
reichen seine Wurzeln bis ins 12. Jahrhundert zu-
rück. Markenzeichen des Arlecchino ist das aus
bunten Rauten zusammengesetzte Flickenge-
wand. Hinzu kommen eine Augenmaske und ein
Hut samt Hahnenfeder, welcher mancherorts
noch zusätzlich mit einem Horn versehen ist. Ü-
bersetzt bedeutet sein Name soviel wie *kleiner
Teufel*, dessen Naturell er ganz und gar ent-
spricht.

Gefolge von Hades: Neben ... den *Furien (Rache-
göttinnen)*, den Brüdern *Thanatos* und *Hypnos*,
dem Fährmann *Charon*, der Göttin des Nachtzau-
bers *Hekate*, den drei Totenrichtern *Minos*, *Rha-
damanthys* und *Aiakos*, dem dreiköpfigen Höl-

lenhund *Kerberos* ... befehligt Hades noch weitere Helfershelfer. Ein Heer namenloser Kreaturen, die ursprünglich der Menschlichkeit nahe stehend, ihr Recht darauf verwirkt haben. Verbrecher aller Art zählen zu ihnen.

Hochzeitsgäste: Freunde und Verwandte aus dem engeren Umfeld des Brautpaares. Neunzehn Jahre nach Mozarts Tod heiratet dessen Witwe zum zweiten Mal. Der Hochzeit geht eine langjährige Freundschaft voraus. Von Nissen lebte bisweilen als Untermieter in Constanzes Haus.

Wolfgang Amadeus Mozart: (1756 –1791) Er zählt wohl weltweit zu den berühmtesten, österreichischen Komponisten aller Zeiten. In ihm verschmelzen Genie und Wahnsinn gleichermaßen zu einem mitunter äußerst prägnanten wie auch stilistisch einfühlsamen Akt der Leidenschaft. Trotzdem erlangt Mozart erst im Tod jene Anerkennung, die ihm zu Lebzeiten verwehrt bleibt. Noch im Ableben, unter bis heute nicht gänzlich

aufgeklärten Umständen, schreibt er Musikge-
schichte. Was zunächst als opulentes Auftrags-
werk gedacht, entwickelt sich schnell zu seinem
eigenen Mythos. Nicht ohne Grund gehört das
Requiem, obwohl erst Jahre später von andrer
Hand vollendet, zu Mozarts eindringlichster Ar-
beit.

Carl Thomas Mozart: (1784-1858) Er ist der Ältere
der beiden Mozartsöhne. Anders als sein Bruder
schlägt er jedoch eine Komponistenlaufbahn aus,
um stattdessen den Glanz seines Vaters weiter zu
bekräftigen.

Georg Niklaus Nissen: (1761 – 1826) Dänischer
Diplomat, Legationssekretär und Schriftsteller.
Als Ehemann von Constanze ist er verantwortlich
für die erste große Biographie über Mozart.

DIE GRIECHISCHE GÖTTERWELT –
EINE KLEINE ÜBERSICHT

Zeus	Göttervater; Herr über den Olymp
Hera	Göttin des Mondes, der Erde, der Luft; Frau von Zeus
Artemis	Göttin der Jagd
Aphrodite	Göttin der Schönheit und Liebe
Apollon	Gott der Weissagung
Ares	Gott des Krieges
Demeter	Göttin der Fruchtbarkeit
Dionysos	Gott des Weines
Hephaistos	Gott des Feuers, der Schmiedekunst
Pallas Athene	Göttin des Krieges, des Friedens
Poseidon	Gott des Meeres
Hades	Gott der Unterwelt

NACHWORT

Als ich im Dezember 2005 die Arbeiten zu *DAS VERMÄCHTNIS DES FREMDEN* aufnahm, ahnte ich noch nicht, in wie weit mich die Thematik des Stücks fesseln, sprich wie lange ich für dessen Fertigstellung brauchen würde. Neben einer fulminanten Geschichte, deren Inhalt teils auf einer wahren Begebenheit basiert, war es nicht zuletzt der eigene, direkte Bezug, aufgrund meiner örtlichen Sesshaftigkeit nahe einer Mozartstätte, der mich bewog, jenem einzigartigen Komponisten ein Bühnenwerk zu widmen.

Was zunächst als Einakter geplant, entwickelte sich schnell zu einem abendfüllenden Gesamtkunstwerk. Die Assoziierung Mozarts mit dem Göttlichen sollte mir in diesem Fall noch zusätzlich eine wichtige Inspirationsquelle sein, weswegen ich schlussendlich den Versuch wagte, Altes mit Neuem zu vereinen.

DAS VERMÄCHTNIS DES FREMDEN verbindet somit auf tragisch komische Weise klassisches Theater mit den Elementen der Moderne. Es zeigt, dass es auch ohne Neuinterpretation denkbar erscheint, den großen, alten Meistern, Tribut zu zollen, ohne dabei ihr Schaffen wesentlich zu verunstalten. Mit diesem Werk soll erstmals das Experiment gewagt werden, in einer gänzlich konträren Art das Interesse an den Ursprüngen des Theaters abermals zu wecken und den Weg für eine weitere Renaissance einzuleiten.

Der Autor